"No es fácil averiguar exactamente qué queremos en la vida, pero en esta hermosa y tierna guía, Tracey Gee nos ayuda a hacerlo. Con historias conmovedoras, preguntas que nos hacen reflexionar, y un marco realista para avanzar en el proceso de descubrir qué queremos (y qué necesitamos realmente), Gee nos recuerda que comprender nuestros deseos en este mundo es esencial para ayudar a mejorarlo. Este libro está diseñado para acompañarte en el camino, así que espero que tomes notas, escribas en los márgenes, y te sumerjas por completo en el hermoso trabajo que hay en estas páginas. No importa quién seas ni en qué etapa de la vida te encuentres, este libro puede ayudarte a hacer las preguntas que siempre has querido hacer, mientras encuentras el valor para explorar la magia que aparece por el camino".

Kaitlin B. Curtice, autora galardonada de
Native, Living Resistance y *Winter's Gifts*

"He tenido la suerte de beneficiarme de la orientación perspicaz de Tracey en mi camino profesional, y me emociona que ahora su sabiduría esté disponible para un público más amplio a través de *La magia de saber lo que quieres*. Este libro es un conjunto completo de herramientas diseñado para ayudarte a recorrer los intrincados caminos de la ambición y la duda de uno mismo. Con preguntas que invitan a la reflexión, ejercicios prácticos e historias personales inspiradoras, es un compañero invaluable para cualquiera que esté contemplando su futuro y preparándose para dar su próximo gran paso".

Jennifer Alvarez, vicepresidenta sénior de marca
y directora creativa del Miami Heat

"En este libro, Tracey transforma una pregunta intimidante en una tierna, guiándote hacia una respuesta que puede sorprenderte. Como alguien que generalmente se siente segura de sí misma, me sorprendió darme cuenta de cuánto necesitaba las enseñanzas de Tracey en este ámbito, sus ejercicios de autodescubrimiento, y su suave empuje para dignificar los deseos de nuestro corazón comprometiéndonos con aquello que nos hace sentir vivos. Este libro renovará una parte olvidada de tu alma. Regresaré a él con frecuencia".

Peace Amadi, doctora y profesora de psicología,
y autora de *Why Do I Feel Like This?*

"En L*a magia de saber lo que quieres,* Tracey Gee guía al lector, paso a paso, a través de un proceso que expande tanto los horizontes como el corazón. Deja que las profundas preguntas de Tracey "lean" tu vida, interpretando momentos de alegría y dolor, euforia y desilusión, y te embarcarás en un viaje que te conectará con tus deseos más profundos y sanará tu alma".

Bora Lee Reed, escritora y directora de comunicación de la Escuela de Políticas Públicas Goldman de UC Berkeley

"Siempre he asumido que ser una de las mejores del mundo era algo que resultaba natural para mí. Leer este libro me dio claridad sobre cómo todas mis experiencias más destacadas estaban, de alguna manera, alineadas con mis deseos. Ahora entiendo perfectamente por qué estaba dispuesta a esforzarme tanto para lograr mis objetivos. Ya no ignoraré mis deseos en todos los aspectos de mi vida; en su lugar, los reconoceré, los exploraré y los abrazaré".

Lashinda Demus, medallista de oro olímpica en 2012

"Tracey tiene un don increíble para ayudar a las personas a identificar y sintetizar sus fortalezas, talentos y deseos. En este libro, expresa con gran sensibilidad cuán común es no saber lo que queremos, y entonces te guía a través de maneras prácticas, creativas y accesibles para conectar con lo que tus experiencias de vida tienen que decir. Tracey comparte con generosidad y maestría su vasta experiencia en este libro, y no podría recomendarlo más".

Josh Green, coautor de *What's Your Enneatype? An Essential Guide to the Enneagram*

"Leer La magia de saber lo que quieres de Tracey Gee fue una experiencia profundamente reafirmante. El libro de Tracey me hizo sentir grandemente comprendido, y sus historias personales y reflexiones se hicieron eco de mis propias experiencias, haciéndome comprender que mis deseos pueden ser validados e incluso divinamente inspirados. Este libro es una lectura imprescindible para cualquiera que busque descubrir la sabiduría detrás de sus deseos y vivir una vida con mayor alineación y propósito. Las conmovedoras historias y profundas reflexiones de Tracey han tocado mi corazón y han fortalecido mi determinación de vivir plenamente y con autenticidad. Estoy seguro de que este libro inspirará y guiará a muchas otras personas a descubrir y abrazar la magia de sus propios deseos".

Brian Chung, cofundador y CEO de Alabaster Co

LA MAGIA DE SABER LO QUE QUIERES

UNA GUÍA PRÁCTICA PARA LIBERAR EL PODER Y LA SABIDURÍA DE TUS DESEOS

TRACEY GEE

WHITAKER HOUSE
Español

A menos que se indique lo contrario, todas citas de la Escritura han sido tomadas de la Santa Biblia Nueva Versión Internacional® NVI® © 1999, 2015, 2022 por Biblica, Inc.® Usado con permiso de Biblica, Inc.® Reservados todos los derechos en todo el mundo.
Traducción al español por:
Belmonte Traductores
www.belmontetraductores.com

Editado por Henry Tejada Portales

LA MAGIA DE SABER LO QUE QUIERES
Una guía práctica para liberar el poder y la sabiduría de tus deseos

Publicado originalmente en inglés en 2024 bajo el título
THE MAGIC OF KNOWING WHAT YOU WANT
A Practical Guide to Unearthing the Wisdom of your Desires
por Revell, una división de Baker Publishing Group
Grand Rapids, Michigan

ISBN: 979-8-88769-469-6
eBook ISBN: 979-8-88769-470-2
Impreso en los Estados Unidos de América

Whitaker House
1030 Hunt Valley Circle
New Kensington, PA 15068
www.espanolwh.com

Por favor, envíe sugerencias sobre este libro a: comentarios@whitakerhouse.com.

1 2 3 4 5 6 7 8 9 10 11 32 31 30 29 28 27 26 25

Este libro está dedicado a ti.
Mereces que te vean.

CONTENIDO

PARTE 2

El CAMINO DE LA ALINEACIÓN AUTÉNTICA

PARTE 3

INERCIA, MISTERIO Y ALINEACIÓN

INTRODUCCIÓN

Nunca lo vi llegar. A diferencia de la mayoría de las personas que conocía, me había quedado en la misma organización durante toda mi carrera profesional, unos veinte años, en gran parte porque amaba a las personas con las que trabajaba. Una noche, después de cenar en una conferencia, un colega me sugirió que considerara aplicar para un nuevo puesto de vicepresidente que acababa de abrirse. Sabía de la vacante, pero nunca se me había pasado por la mente aplicar, ya que significaba ascender dos niveles en la jerarquía; sin embargo, al analizarlo nuevamente, me di cuenta de que últimamente había estado inquieta, buscando un nuevo desafío. Recordé entrevistas internas pasadas que habían sido experiencias empoderadoras, incluso cuando no me habían llevado a un nuevo puesto, y supuse que esta sería otra de esas experiencias. El puesto no estaba garantizado en absoluto, pero decidí aplicar de todos modos, motivada por la oportunidad de aprender y crecer.

Después de enviar mi aplicación, me sorprendió darme cuenta de que estaba emocionada. Cada vez que había considerado un nuevo puesto hasta ese momento, siempre había sentido cierta ambivalencia. Anteriormente siempre podía encontrar al menos un aspecto negativo por cada positivo en un posible nuevo trabajo, pero esta vez me entusiasmaba la idea de encontrar soluciones creativas para los desafíos que veía, y eso me resultaba emocionante. Era un sentimiento extraño —pero en el buen sentido— tener tantas ganas de hacer un cambio. Comencé a fantasear con preparar la entrevista y argumentar lo que podría aportar al puesto.

Una noche, mientras cortaba verduras para la cena, mi teléfono comenzó a llenarse de mensajes en un chat grupal del trabajo. Estábamos organizando la programación de una reunión que no tenía nada que ver con esto, pero me di cuenta de que algunas personas en la conversación también estaban haciendo planes de viaje para entrevistas de trabajo. Me di cuenta de que el proceso de contratación para el puesto al que yo había aplicado probablemente estaba avanzando, pero yo no había recibido ninguna noticia. Agarré mi computadora para revisar mi correo, pero no encontré ningún mensaje nuevo a pesar de que actualicé la bandeja varias veces, aun sabiendo que no tenía sentido hacerlo. Quería ser optimista, pero tuve que admitir que eso no era una buena señal. Siempre supe que el puesto no estaba asegurado, pero considerando mi experiencia y mis contribuciones, pensé que al menos tendría la oportunidad de una entrevista.

Cuando una semana después recibí el correo informándome que no pasaría a la siguiente fase del proceso de selección, no me sorprendió en absoluto, pero aun así estaba devastada. Por mucho que hubiera sido mi entusiasmo, la caída fue mucho mayor. (Para quienes conocen el Eneagrama, una vez escuché decir que nunca se ve a nadie tan triste y abatido como a un tipo tres orientado al logro cuando fracasa, y sentí que me estaban describiendo a la perfección). Mis amigos me dijeron que nunca me habían visto así, y para ser sincera, yo tampoco.

Comencé a entrar en una espiral de dudas. Cuestioné mi suposición de que pasaría el resto de mi carrera en esta organización y consideré la aterradora posibilidad de irme. Me pregunté por qué un colega (un hombre blanco con el mismo puesto y experiencia que yo) había conseguido una entrevista cuando yo no, y por qué eso me hacía sentir tan mal, aunque me alegrara por él. Me pregunté por qué no me sentí mejor cuando pedí retroalimentación sobre qué podía haber hecho para ser una candidata más fuerte y me dijeron que no había nada, que era genial, pero que tan solo necesitaba "unos años más". Sobre todo, me pregunté qué hacer ahora como respuesta a todo esto, especialmente cuando alguien me dijo que era culpa mía porque no había jugado estratégicamente con mi carrera como lo hacen los varones, y que, según esa persona, tendría que empezar a jugar a ese juego si alguna vez quería avanzar. Me pregunté si el que me dijeran durante años que era "un tesoro oculto" no era el halago que parecía, sino una forma hermosa de decir que no me estaban viendo.

Que el proceso terminara de manera inesperada y con explicaciones vagas y contradictorias sobre por qué había sucedido hizo que algo se quebrara en mi interior de una manera que aún no comprendía. Algunas personas me pidieron que hiciera entrevistas para otros puestos dentro de la organización, dándome alternativas a considerar, pero mi corazón no deseaba ninguna de ellas. Escuché sus propuestas, pero con el tiempo me di cuenta de que superar esta crisis no iba a ser tan sencillo como lanzarme a revisar nuevas ofertas de trabajo y llenar solicitudes. No estaba lista para seguir adelante. Había tocado fondo en mi vida y necesitaba entender por qué esto me estaba afectando tanto.

CUARENTA DÍAS DE DESEOS

La pregunta de qué quería a continuación era demasiado grande como para tener una respuesta significativa. Estaba demasiado deprimida y confundida como para saber qué quería hacer la próxima semana, mucho menos en los próximos diez años. Cualquier gran esperanza de crear un plan maestro para mi vida y mi carrera era algo que causaba risa; ni siquiera podía considerar la idea. Así que decidí empezar poco a poco. Como una forma de probar algo, *cualquier cosa*, para dar un paso hacia la sanidad y sentirme entera otra vez, creé un experimento personal. Me comprometí a hacer una cosa cada día durante cuarenta días, sin otra razón que el deseo de hacerlo. El único parámetro que creé fue el deseo sincero porque, francamente, eso era lo único que podía reunir. Lo sentía como el más pequeño de los pequeños pasos, pero era algo.

Había una pequeña pero insistente voz en el fondo de mi mente que criticaba el esfuerzo y me decía que, de alguna manera, eso debía estar mal. Decía que invertir tanto tiempo en mí misma y en lo que quería era egoísta, y no sabía cómo responder a esta acusación. Me resultaba difícil justificar el propósito de mi experimento, incluso para mí misma. No había ningún resultado lo suficientemente tangible como para destacarlo; nada que se acercara a la productividad, pero tampoco sabía qué más hacer. Estaba desesperada, así que decidí intentarlo de todos modos.

Durante la primera semana decidí llevar a mi perrita a correr a la playa. Desde que la adopté un par de meses antes, había pensado varias veces en hacer esto, pero siempre lo había pospuesto por prioridades más urgentes, como reuniones que había que hacer, proyectos que requerían atención, y recados que no podían esperar. Esa mañana en particular estaba fresca y nublada, y me preguntaba si debería posponerlo una vez más a favor de un mejor clima, pero algo en mi instinto me decía que debía ir de todos modos. Así que, después de meter a mi perrita en el auto y agarrar su correa, nos dirigimos a la playa como si tuviéramos algo importante que hacer. Cuando salí del auto y vi la espesa capa gris de niebla sobre el mar, fruncí el ceño, pero poder respirar profundamente el aire fresco del océano fue un regalo.

Después de correr durante un rato, llegamos a una sección del paseo marítimo donde la senda de la playa se curva cerca de un canal hacia el puerto, y disminuí la velocidad para caminar. Vi algunas salpicaduras en el agua y supuse que eran gaviotas. Sin embargo, cuando miré más de cerca, me di cuenta de que era un delfín, y no solo uno, sino dos delfines, nadando por el canal, saltando juntos en el agua, saliendo a la superficie de vez en cuando para respirar y luego deslizándose de nuevo bajo la superficie del agua.

Debido al punto en el que se encontraban y el lugar en el que estábamos mi perra y yo en el camino, estábamos muy cerca, tal vez a solo cuatro o cinco metros. Volteé la cabeza buscando a alguien más con quien maravillarme, pero la playa estaba vacía. Durante unos momentos mágicos solo estábamos nosotros, formando una improbable congregación de seres: humana, canina y marina.

Seguí a los delfines todo lo que pude hasta que el sendero terminó y la pareja finalmente desapareció de la vista, poniendo fin al momento. Nací y crecí en California, y solía ir a la playa todos los fines de semana; nunca tuve una experiencia de avistamiento de delfines como esa antes ni la he tenido desde entonces. Sentí que era algo sagrado, casi como una afirmación divina de mi pequeño experimento y la exploración de una forma diferente de ser y sanar. Mientras caían lágrimas de felicidad y agradecimiento por mis mejillas, me dije a mí misma: *Tal vez esto tenga sentido después de todo*. Mis dudas persistentes se disiparon, y decidí en ese momento hacer todo lo posible por llegar hasta el final de los cuarenta días. Sentí que se lo debía a los delfines.

Por lo tanto, eso fue lo que hice. Durante cuarenta días hice algo cada día sin otra razón que el deseo genuino de hacerlo, mostrando una consistencia que me sorprendió. La mayoría de lo que elegí hacer fue simple, como cocinar un plato tradicional chino que a mi familia le encanta (pescado al vapor con jengibre, cebollino y salsa de soja), probar una nueva mascarilla facial y permitirme estar quieta y respirar mientras se absorbía en mis poros, ver una comedia romántica solo por diversión, plantar tomates, dormir una siesta por la tarde, ir a una caminata pero sin prisa por regresar, y leer libros. Me ofrecí como voluntaria para ser la cuidadora en la excursión escolar de primer grado de mi hijo para ver una obra de teatro musical basada en uno de nuestros libros favoritos, *Henry and Mudge*, y me encantó pasar tiempo con él y sus compañeros de clase. Hice un viaje de fin de semana con mis mejores amigas. Reorganicé los muebles de mi oficina, asistí a un seminario web, y escribí.

Sin un modelo ni guía de qué hacer, simplemente estaba sintiendo el camino, dejando que el deseo de cada día tomara forma de manera simple y sin forzarlo. Todo el experimento realmente me recordó lo que se sentía al jugar cuando era niña. Uno de mis recuerdos favoritos de pequeña era hacer galletas de barro, la prima menos conocida de los pasteles de barro. Me enorgullecía de conseguir la mejor tierra y escogía todas las piedras para crear una base lo más lisa y pareja posible. Mezclaba el agua y la tierra hasta conseguir la consistencia correcta para que el barro no se volviera demasiado líquido. Cocinaba mi masa de barro en filas ordenadas de galletas sobre tablones de madera en el jardín hasta que se endurecían bajo el sol y parecían casi reales. Me encantaba sentir los elementos de tierra, agua, y luz del sol en mis manos. Por supuesto, mis esfuerzos no tenían ningún valor práctico. Esas galletas no duraban. Por supuesto que no se podían comer. Mi mamá ni siquiera podía ponerlas en la nevera. Pero me encantaba hacerlas solo por la alegría de crear por crear. Después de una tarde de "hornear", buscaba las mejores galletas del lote para admirarlas, susurrándome a mí misma: "Oh, esta es bonita y pareja. Es una de las mejores", mientras la colocaba en un plato especial.

Así es como se sintieron esos cuarenta días, como recuperar una parte de mi ser infantil que sabía cómo pasar una tarde soleada haciendo exactamente lo que quería. Pero, a diferencia de ella, ahora también tenía mi sensatez adulta sobre la responsabilidad y la productividad que debía tener en cuenta. Tratar de reconciliar esas cosas me dejó sintiéndome dividida. Era difícil decir qué importancia tenía algo como la jardinería, en la que, por cierto, soy terrible (porque, como era de esperar, esas pobres plantas sufrieron). ¿Qué *se logra* con cosas como leer un libro por placer o dormir una siesta? Ninguna de esas cosas me parecía notable, dramática o impresionante. Al contrario, era algo pequeño, cotidiano, y se podría decir que aburrido. Solo sabía era que era real, permitiéndome sentirme arraigada y presente conmigo misma, y parecía que eso debería tener algo de valor, a pesar de no poder decir para qué era todo eso.

Cuando terminó el experimento, me dije a mí misma que había sido algo hermoso que hacer por mí; una experiencia generalmente positiva pero tampoco algo sobre lo que escribir. Si fuera un restaurante nuevo que probé por primera vez habría dicho que estuvo bien, pero nada especial, y probablemente no regresaría. Pero ahora, con la perspectiva de los años al mirar atrás, ya no lo veo de esa manera. Cuando pienso en lo que significó ese tiempo y lo que hizo por mí, ya no creo que fuese solo algo hermoso. Creo que fue necesario.

LA NECESIDAD DE APRENDER LO QUE QUIERES

No pude expresarlo con palabras en ese momento, pero estaba practicando saber lo que quiero. Lo ejercité con más intención y dedicación durante esos cuarenta días de lo que lo que había hecho tal vez en los cuarenta años anteriores. Creo que no comprendí la importancia que tuvo porque no sabía que era algo que una persona *necesitaba* practicar. Pero lo era. Y yo lo hice.

Aprendí a prestar atención a los destellos de deseo frente a todas las demás cosas importantes y urgentes que clamaban por mi tiempo y atención. Practiqué el hacer espacio para mis deseos en lugar de rechazarlos, silenciarlos o desestimarlos. Me relacioné con mis deseos con aceptación en lugar de dureza y juicio. Ahora, al mirarlo en retrospectiva, puedo ver que fue una especie de ensayo: dejar espacio para darme cuenta, dirigir mi consciencia hacia lo que quería, vincular ese deseo con acción, y repetirlo todo al día siguiente. Aún no tenía palabras para expresar por qué eso era importante, pero estaba construyendo el hábito de honrar mis deseos en lugar de apagarlos. A través de la repetición simple, aprendí que practicar el saber lo que realmente quieres no solo vale la pena, sino que también es necesario para vivir una vida más real, auténtica y abundante.

Tal vez lo más significativo es que el experimento de los cuarenta días me dio una nueva amistad con mis deseos. Me volví a encontrar con una parte de mí misma con la que había perdido el contacto. Lo que comenzó como una idea para ayudarme a recuperarme del dolor del rechazo restauró mi relación con mis deseos, cambiando para siempre la manera en que los vería a partir de ese momento.

Imagina que sales a almorzar con una amiga y ella se inclina sobre su menú para contarte algo que le emociona. Su voz está llena de entusiasmo, y quiere saber si tú también quisieras formar parte de sus planes; sin embargo, tú no quieres escucharla y no haces nada para esconder tu molestia. De hecho, le dices que es superficial y la criticas por no preocuparse por cosas que tú consideras más importantes. Siempre que ella ofrece sugerencias para abordar tus preocupaciones, le dices que debe estar en otro planeta porque sus ideas nunca funcionarían. Cada vez que tu amiga intenta hablar, la interrumpes. Cuando finalmente logra decir algo, la menosprecias, haces de menos su perspectiva, y le dices que no tiene nada que ofrecer. Le comunicas que piensas que es egoísta y poco confiable. Imagina que esta no es solo la dinámica durante un par de horas en el almuerzo, sino durante cada interacción entre ustedes. Con el tiempo, ¿qué tipo de relación esperarías tener?

Es terrible pensar en hablarle de esa manera a alguien que te importa. Suena horrible, y así debería ser; sin embargo, muchas personas no se dan cuenta de que esto es solo una ligera exageración de cómo muchos de nosotros nos relacionamos con nuestros deseos. No tratamos nuestros deseos de la manera en que trataríamos a un amigo al que queremos. Cuando eso se convierte en un patrón consolidado, erosiona la relación que tenemos con esta parte de nosotros mismos. Lo triste es que eso nos hace estar peor. Los deseos que están destinados a ser una fuente de vida quedan perdidos, y su sabiduría se vuelve inaccesible.

Casi había pasado por alto el objetivo del experimento. La acción repetida de hacer lo que quería cada día durante cuarenta días, como aprender una receta nueva o mover mi escritorio de un lado a otro de la habitación, nunca se trató de cosas externas, como el éxito o hacer algo impresionante. Se trataba de hacerme amiga de mis deseos. ¿Acaso no es así como construimos relaciones que importan? Desde las experiencias compartidas simples y cotidianas, lentamente repetidas a lo largo del tiempo. Practicar el escuchar mis deseos recuperó la calidad de relación con una parte de mí misma que había perdido en algún lugar entre hacer galletas de barro y convertirme en adulta. El experimento no fue tan simple como parecía en ese momento. Por encima de todo, su valor fue relacional y no productivo.

Experimentar con escuchar a esta parte de mí misma día tras día me permitió relacionarme con mis deseos con apertura y confianza, reemplazando la distancia y el silencio. El regalo de esos cuarenta días fue aprender a hacerme amiga de mis deseos. Y, como mis amistades humanas reales, es una relación que ha aportado mucho a mi vida.

Todavía pienso en esos primeros días de investigar el ámbito de saber lo que quiero. Pienso en que, sea lo que sea que se llame lo opuesto a una experiencia fuera del cuerpo, eso fue. Fue como regresar a casa para mí misma. Me sentí arraigada y segura. Esos días me enseñaron a saber lo que quiero; no porque alguna otra persona o cosa me dijera lo que deberían ser mis deseos. Sabía lo que quería porque mi vida, mi ser y mi cuerpo me lo dijeron. Creo que este descubrimiento corporal y holístico de los deseos es una de las formas más sagradas en las que cualquier persona puede descubrir la verdad sobre lo que realmente quiere.

SABER LO QUE QUIERES

Saber lo que quieres es un proceso, una relación y un descubrimiento personificado de lo que significa para ti prosperar. Cuando sabes lo que quieres, eso ilumina un camino hacia la vitalidad y te guía por él. Te ayuda a ver quién has sido creado para ser y entonces te dirige para dar los pasos a fin de convertirte en esa persona. Te recordará una y otra vez que no te quiebres para encajar en las cajas de otra persona, que el mundo es más grande de lo que crees, y que hay espacio para lo que tienes para ofrecer. Te hablará acerca de la abundancia. Te enseñará a creer en ti mismo, tal vez más plenamente que nunca antes. Sanarás lentamente y con seguridad, y te mostrará cómo explorar, soñar y aprender a confiar en ti mismo. Cuando sabes lo que quieres, aprendes a crear una vida estable; una vida que es imperfecta pero de la que te enamoras completamente.

Elegí el título *La magia de saber lo que quieres* para honrar este conocimiento e invitarte también a experimentarlo. Este saber forja nuevas maneras sanadoras de relacionarnos con nosotros mismos y con el mundo. Nos ayuda a desaprender los mensajes de una sociedad que nos enseña a desconfiar de nosotros mismos, a mantenernos pequeños y a olvidar nuestro poder. Nos muestra que nuestros deseos más profundos están más cerca de lo que pensamos y cómo descubrirlos. Este saber existe para ayudarnos a ser más completos. Nos cambia, y es mágico cuando aprendemos a estar presentes ante él.

Creo que, si más de nosotros aprendemos a hacer esto, desbloquearemos muchas cosas buenas no solo en nuestras propias vidas sino también en las vidas de las personas y las comunidades que más nos importan. Esto importa porque nuestro mundo es precioso y está hecho un desastre, con titulares diarios llenos de nuevas formas de romper nuestros corazones. No es una sorpresa para nadie que necesitamos nuevas maneras de prosperar que nos permitan poner en marcha soluciones reales, cambios sistémicos y formas de avanzar colectivamente. No puedo evitar preguntarme: ¿y si nuestros deseos pueden ser una guía sabia para llegar hasta allí? Nuestros deseos tienen algo importante que decir. Pueden sacudir las cosas de maneras profundamente reveladoras para ayudarnos a crear lo que el mundo necesita. Cuanto más trabajo con personas que despiertan a quienes realmente son, más fuerte es mi intuición de que nuestros deseos ocupan un papel central que desempeñar en nosotros, y el mundo está esperando dar la bienvenida al hermoso trabajo que nuestros deseos son capaces de hacer.

ESQUEMA GENERAL

Saber realmente lo que quieres requiere tanto pensamiento como práctica, y exploraremos el balance de estos elementos a lo largo de este libro. En el capítulo 1 hablaremos de la niebla del deseo, la condición de estar confundido sobre tus deseos, y cuán común puede ser. En el capítulo 2 hablaremos sobre la interconexión entre el propósito y el deseo, y reescribiremos las narrativas limitadas que nos dicen que los deseos son egoístas o frívolos. En el capítulo 3 abordaremos los cuatro tipos de preguntas que suelen ahogar nuestros deseos así como qué preguntar en su lugar, para que podamos comenzar a identificar qué podría estar bloqueándonos a la hora de escuchar bien nuestros deseos. A partir del capítulo 4 hablaremos del camino de cuatro etapas hacia conocer tus deseos y vivirlos, llamado el "camino de alineación auténtica". Cada etapa se centra en una pregunta principal y cómo responderla. El capítulo 4 cubrirá la primera etapa, *calibración,* y la importancia de prestar atención a qué cosas te hacen sentir vivo. El capítulo 5 cubrirá la segunda etapa, *expansión,* y explorará nuestra relación con los límites y las posibilidades. El capítulo 6 será acerca de la tercera etapa, *experimentación,* y cómo usar un enfoque experimental para aportar claridad a nuestros deseos. El capítulo 7 cubrirá la cuarta y última etapa, *integración,* y qué significa interpretar y responder a los resultados en el proceso de hacer realidad nuestros deseos. Luego, en el capítulo 8 pasaremos a la idea de establecer metas basadas en deseos y cómo difiere de las formas tradicionales de establecer metas. Finalmente, en el capítulo 9 terminaremos con lo que significa buscar el misterio y la magia en nuestras propias historias.

Cada capítulo ofrece un componente de aprendizaje o una pregunta de reflexión. El camino de alineación auténtica fue desarrollado a partir de miles de historias reales. Los principios, ideas y herramientas de este libro se formaron dentro del contexto de conversaciones y diálogos con personas reales a través de mi trabajo como *coach* y consultora, y no quería dejar eso fuera. Además, debo preguntarme cómo encaja todo esto en tu vida, ya que nadie es más experto en ti que tú mismo. Estas preguntas de reflexión están diseñadas para sacar a relucir tus experiencias y la sabiduría que ya está entretejida en tu vida. No son un pensamiento final; son más bien el plato principal. Exploraremos los principios generales de este proceso y también compartiré historias y ejemplos, pero, en última instancia, quiero que te lleves la sensación de estar equipado para establecer conexiones significativas en tu vida.

Si fuera por mí, me encantaría sentarme frente a ti con una taza de café, hacerte estas preguntas y hablar profundamente sobre ti y tu vida, porque creo que es ahí donde ocurre lo bueno.

Como no podemos tener este tipo de conversación, lo mínimo que puedo hacer es darte las preguntas que me muero por hacerte. He diseñado esto para que sea simple, porque sé que probablemente estés ocupado, incluso si —como yo— estás intentando bajar el ritmo. Cada pregunta está pensada para tomar solo de veinte a treinta minutos, pero ofrece un buen retorno de inversión. Siéntete libre de pasar más tiempo si lo deseas, pero lo más importante es encontrar lo que funcione para ti y lo que te resulte alcanzable.

Debido a este énfasis en la conversación y las relaciones, recomiendo pasar por este proceso con otras personas. Como siempre, escúchate a ti mismo; pero si estás dispuesto, creo que encontrarás valioso dialogar con alguien más. Esto podría traducirse en iniciar un grupo pequeño basado en la discusión, como un club de lectura, lo que te permitirá aprender al escuchar las historias de los demás así como reflexionar sobre la tuya. Si un entorno grupal no es lo que buscas, podrías hablar sobre esto uno a uno con un buen amigo, pareja, *coach*, terapeuta o mentor. El crecimiento personal no es únicamente un esfuerzo individual, y las relaciones de apoyo son un ingrediente de valor incalculable. Puedo señalar muchos puntos cruciales en mi viaje donde las personas de confianza en mi vida me ayudaron a darme cuenta de perspectivas esenciales que seguramente me habría perdido. No me imagino mi proceso sin ellos y su capacidad para darme espacio. Cuando nos apoyamos los unos a los otros nos cambia la vida, así que si puedes encontrar la manera de recibir el regalo de pasar por este proceso con alguien más, te servirá de mucho.

Al comenzar, también es importante reconocer que la capacidad de considerar los propios deseos es un privilegio. Las personas en modo de supervivencia a menudo no tienen la capacidad de pensar en lo que quieren. Las personas que luchan con enfermedades crónicas me dicen que su único deseo es estar sanos o libres de dolor. Las personas con discapacidad hablan de su deseo de vivir dentro de una sociedad que los vea y se ocupe de sus necesidades. Me he dado cuenta que es importante reconocer mi privilegio como alguien cuyas circunstancias y recursos le permiten no estar en modo de supervivencia, y cómo esta posición de privilegio me permite involucrarme con mis deseos de una manera que no todo el mundo tiene. Sé que no todos pueden hacer este viaje, por mucho que desearía que pudieran, y debo ser consciente de esto; por lo tanto, a medida que comenzamos, también quiero reconocer este aspecto del tipo de trabajo que estamos haciendo.

COMIENZA EN LO PEQUEÑO

Hoy en día, me pregunto qué habría pasado si nunca hubiera ido a la playa. ¿Qué sería diferente si nunca me hubiera propuesto pasar cuarenta días descubriendo cómo se sentía honrar mis deseos? ¿Habría aprendido a notar los deseos más grandes que vendrían después? ¿Habría sido capaz de alejarme de situaciones que no eran adecuadas para mí? ¿Habría descubierto alguna vez cuán liberadores podrían ser mis deseos? Por supuesto que es imposible saberlo con certeza, y preguntas como estas no tienen respuesta, pero tengo una fuerte sospecha de que no habría sido capaz de notar ni actuar en función de ninguno de los deseos más grandes y arriesgados que vendrían sin practicar una y otra vez con los pequeños primero. Nunca hubiera imaginado que algo tan pequeño como ir a la playa podría significar aprender a liberarme.

Por eso, si estás comenzando con algo que te parece bastante pequeño, recuerda que hay magia en las pequeñas cosas. Ten en cuenta que pueden ser las chispas más pequeñas las que crean los cambios más significativos en tu vida, trabajo y liderazgo. Nunca supero la emoción de ver a otros prosperar de las maneras grandes o pequeñas que son más importantes para ellos. Cuando veo que esto sucede con las personas con las que trabajo, brillo, aplaudo y celebro con todo mi corazón. Me encanta verlo, y no puedo esperar a verlo en ti.

PARTE 1

LA SABIDURÍA DE NUESTROS DESEOS

1

¿QUÉ QUIERES REALMENTE?

Los autores suelen comenzar los libros con una idea o compartiendo una historia. Yo lo hago con una pregunta.

¿Qué quieres realmente?

Es una pregunta tan antigua como el tiempo, pero puede que nunca dejemos de plantearla. Las transiciones, tanto internas como externas, pueden hacer que esta pregunta vuelva a surgir una y otra vez, incluso si en el pasado creías tenerlo todo claro. Es una gran pregunta, pero afecta a los elementos más pequeños de nuestra vida. Es una pregunta que está en todas partes, pero nadie nos enseña dónde ir para buscar la respuesta. Basándome en cientos de conversaciones que he tenido con otras personas, así como en mi propia experiencia, he descubierto que "¿Qué es lo que quieres realmente?" es una pregunta sencilla solo hasta que intentas responderla de manera significativa.

Cuando me propuse poner en práctica mi certificación como *coach*, estaba emocionada por comenzar. Me entusiasmaba la idea de ayudar a las personas a utilizar el conocimiento de sus fortalezas, los resultados de sus evaluaciones y su recién descubierta consciencia de uno mismo para lograr lo que más querían. Solo había un pequeño problema.

No sabían lo que querían realmente.

Las conversaciones solían discurrir así:

Yo: Aquí tienes tu perfil y lo que significa.

Ellos: Vaya, esto tiene mucho sentido, pero ¿y ahora qué? ¿Qué hago con esta información?

Yo: Así es como actúas, pero dónde ir con ello depende de lo que quieres. Entonces, dime, ¿qué quieres?

Una y otra vez, obtenía las mismas respuestas.

"No suelo preguntarme qué quiero".

"No recuerdo la última vez que alguien me hizo esa pregunta, y no lo sé".

"No solo no tengo idea de lo que realmente quiero, sino que tampoco sé cómo averiguarlo".

Mi formación no me había preparado para esto. Respuestas como estas desafiaron mis ideas preconcebidas sobre lo que implicaría el *coaching*. Como no lo vi llegar, al principio no supe qué hacer con ello. Resulta irónico que, habiendo experimentado mi propia dosis de confusión sobre lo que quería, no me diera cuenta de que a otras personas les pasaba lo mismo; sin embargo, a medida que este patrón se repetía, escuché más y más ejemplos reales de un fenómeno del que nadie parecía estar hablando, y quise saber más. No podía ignorar el dolor, la confusión y la angustia que causaba en las vidas de las personas el hecho de sentirse incapaces de responder a una pregunta esencial que se supone que todos debemos responder instintivamente.

¿No debería ser *fácil* saber lo que quieres? ¿No es algo tan natural e inconsciente como respirar? Escuchar las historias de las personas me ha demostrado que nuestros deseos no siempre son fáciles de descifrar. Son muy complejos, y a veces necesitamos ayuda para descubrirlos y comprenderlos. Estas historias se parecen mucho a la mía, y quizá también se parecen a la tuya. Nuestros deseos pueden ser desafiantes, y no hablar de esta realidad lo hace aún más difícil.

Estas conversaciones repetidas me mostraron que la simple pregunta sobre lo que quieres puede pasar de ser algo directo a algo complejo *en un instante*. Cuando no sabes cómo responder, esa confusión se siente como una oleada abrumadora de emociones. A esto lo llamo niebla del deseo, y es frustrante, estresante, y difícil de manejar.

NIEBLA DEL DESEO

Muchas personas me decían que habían vivido con esta niebla durante semanas, meses o incluso años. A menudo, esas mismas personas tenían claro lo que otros (sus jefes, padres, organizaciones o parejas, por nombrar algunos) esperaban de ellos, pero cuando se trataba de lo que realmente querían para sí mismos, no tenían respuesta. La palabra "debería" surgía con frecuencia, porque parecía más fácil nombrar obligaciones y expectativas que expresar un deseo genuino. Llevaban consigo suposiciones sobre lo que "debieran" querer, pero no siempre podían decir de dónde venían esas creencias ni si realmente les servían.

Por supuesto, esto no le pasaba a todo el mundo. De modo natural, algunas personas sabían lo que querían, tanto en lo personal como en lo profesional. Me hablaban de sus sueños, como por ejemplo hacer cambios significativos en su carrera, invertir en su crecimiento y bienestar, emprender negocios, volver a estudiar, cultivar amistades y familias cálidas y amorosas, vivir aventuras, y reparar relaciones importantes en sus vidas. Yo podía guiar a los que sabían lo que querían a trabajar en ideas, metas y próximos pasos para hacer realidad sus deseos, y el proceso de *coaching* les brindaba apoyo para pasar del deseo a la acción.

Sin embargo, para aquellos que tenían dificultades para expresar sus deseos, era como si les estuviera pidiendo que hicieran un examen final de una clase a la que nunca habían asistido. Tener acceso a infinitas opciones y posibilidades no les resultaba emocionante sino abrumador, porque no tenían nada que los ayudara a filtrar, organizar o priorizar esas oportunidades. Es difícil crear alineamiento cuando no sabes con qué tratas de alinearte. ¿Cuál es el siguiente paso correcto cuando no tienes idea de lo que quieres y ni siquiera recuerdas la última vez que te lo preguntaste? Resulta que no es fácil decirlo, y muchas personas nunca aprenden a navegar por esta realidad tan confusa.

Para decirlo con otras palabras, a la mayoría de las personas nunca se les enseña a querer, a desear.

No es que las personas con niebla del deseo carezcan de capacidad o talento. En mi experiencia, son seres humanos amables, talentosos y brillantes. Son personas que poseen valores y un profundo compromiso con los demás. Quieren marcar una diferencia positiva en las vidas de sus familias, seres queridos, organizaciones y comunidades. Se preocupan por el bien, la justicia, el mundo, y quieren dejar un legado mejor para la próxima generación. Son personas con logros, títulos, roles y experiencias que reflejan sus considerables fortalezas y éxitos. Por lo general, pueden decirte lo que *podrían hacer*. Pero es que *podría hacer* puede estar muy lejos de *quiero hacer*.

EL SONIDO DE LA NIEBLA DEL DESEO

En esas conversaciones escucho tristeza. Muchas personas me dicen que se sienten solas y aisladas, como si fueran las únicas en el mundo que no tienen una respuesta clara sobre lo que quieren en la vida. Muchas expresan una gran cantidad de vergüenza, culpa, o incluso bochorno. Como si la agonía de la niebla del deseo no fuera suficiente, también parece traer consigo una fuerte autocrítica.

Aquí hay algunos ejemplos de estas conversaciones.

Mina acudió a mí cuando estaba a punto de hacer una gran transición. Estaba dejando el trabajo y la organización en la que había estado durante más de ocho años y tenía muy claro por qué eso era necesario. Pero Mina no sabía qué debía hacer después. Nos sentamos frente a frente una tarde en una cafetería, y cuando le pregunté qué quería para el futuro, confesó que no tenía ni idea.

"Más o menos sé lo que *no* quiero, pero si me preguntas qué quiero, la verdad es que no lo sé. Cuando pienso en el futuro, no puedo imaginar nada. Siento que intento sacar algo de la nada. Las cosas que se me ocurren me hacen dudar de mí misma, y de inmediato me surgen muchas más preguntas. Es confuso y me abruma".

Para Mina, la pregunta "¿Qué quieres?" era abrumadora. Le preocupaba que no saber lo que quería en esta etapa de su vida significara que nunca lo descubriría. Cuando tienes dificultades para aclarar tus deseos, es fácil sentir que tu confusión nunca terminará.

Ivy me llamó para preguntarme sobre comenzar a trabajar juntas, y cuando nos reunimos, me contó que nunca había sido buena para expresar sus deseos. Había pasado la mayor parte de su vida intentando complacer a los demás, pero estaba notando el enorme impacto que eso tenía en su bienestar mental, emocional y espiritual. Deseaba desesperadamente tener una idea clara de lo que quería, pero no sabía por dónde empezar. Cuando le dije cuántas personas con las que trabajaba se sentían exactamente como ella, exclamó: "Dios mío, qué alivio. Pensé que era la única que tenía este problema. ¿Me dices que hay otras personas que también lo sienten?".

Para Ivy, la pregunta "¿Qué quieres?" inspiraba soledad. Estaba convencida de que todo el mundo tenía su vida resuelta, y que ella era la única persona que no sabía qué hacer con sus deseos. Creer eso es una experiencia terrible, porque si todos los demás pueden hacerlo, ¿qué pasa contigo? Muchas personas me dicen que no hablan de su experiencia con la niebla del deseo con quienes tienen cerca porque les da vergüenza admitir que no saben lo que quieren. Y lo entiendo. Cuando la sociedad valora el logro, la ambición y la capacidad de ir tras lo que deseas, puede parecer como un fracaso personal no poder nombrar ni siquiera tus propios deseos. Puede ser muy aislante.

Cuando Stephanie vino a verme, estaba comenzando a salir a flote después de una temporada difícil. Estaba en las últimas etapas de cerrar la organización sin ánimo de lucro que había fundado. Crear esa organización había sido su sueño; en el fondo, creía que era lo que haría por el resto de su vida. Pero cuando experimentó agotamiento, tuvo que admitir que era momento de alejarse de "su bebé".

Cuando ves cómo un sueño se apaga, discernir lo que quieres después es complicado, porque nunca esperaste tener que averiguarlo de nuevo. Puede parecer que "retrocedes". En ese caso, la pregunta "¿Qué quieres?" te recuerda que, inesperadamente, estás comenzando de nuevo, lo cual conlleva su propio duelo.

Si te identificas con alguna de estas historias, simplemente preguntarte qué quieres probablemente no te acerque más a una respuesta significativa. Consejos bien intencionados pero simplistas como "encuentra tu pasión y sigue tu corazón" tampoco suelen servir de mucho. Decirle a Mina, Ivy, Stephanie o a cualquiera de las personas con las que he trabajado que simplemente lo averigüen no ayuda, y suponer que esa es la única manera de comenzar puede ser alienante. A esto lo llamo un *consejo de dominadas* (ya sabes, me refiero a los que algunos llaman "barras"), porque me recuerda a un tutorial en el internet que decía que la forma de hacer una dominada (para alguien que nunca ha podido hacer una en su vida) es "poner las manos en la barra y subir la barbilla por encima de ella". ¿No me digas? Vaya, gracias.

La niebla del deseo es real. Cuando estás en ella, necesitas saber dónde comenzar. Necesitas reducir las preguntas abrumadoras a pasos pequeños y alcanzables. Necesitas un proceso que permita obtener información orgánica y significativa. Necesitas nuevas formas de pensar (principios, patrones de pensamiento y paradigmas que te ayuden a dar forma al proceso) y de hacer (prácticas intencionales, pasos de acción y puntos de apoyo que aterrizan tu camino a la realidad de tu vida). Necesitas saber que la claridad está más cerca de lo que crees, y que puedes convertirte en alguien capaz de generar una visión poderosa, alineación y movimiento en torno a tus verdaderos deseos.

Tú también puedes aprender a desear.

APRENDER A DESEAR

La mayoría de nosotros no hemos aprendido a prestar atención a las cosas más importantes que nos ayudan a tener una buena relación con nuestros deseos. La niebla del deseo aparece por varias razones, y exploraremos juntos cuáles son. Si esto es algo con lo que luchas, no estás solo. Muchas otras personas están en el camino de encontrar claridad y alinearse con sus deseos. Muchas se han hecho las mismas preguntas y han tenido los mismos sentimientos, esperanzas y miedos que quizás tú también tienes. Juntos, espero que podamos generar conversaciones más sinceras sobre esta área de nuestras vidas y cómo lidiar bien con ella.

Puede sonar extraño decirlo, pero saber lo que quieres es algo en lo que puedes mejorar. Es una habilidad que se puede desarrollar, como aprender a tocar una canción hermosa en la guitarra o hacer unas galletas caseras deliciosas. Si nunca has tomado clases de guitarra y alguien te entregara una y te pidiera que tocaras tu canción favorita, probablemente no saldría muy bien. Pero si esa persona te enseñara algunos acordes básicos y te diera algunos primeros pasos, mejorarías con la práctica. Cuando era niña, me maravillaba ver cómo mi papá usaba un rodillo para transformar harina y agua en círculos perfectos de masa para galletas mientras mi mamá mezclaba los ingredientes sabrosos para rellenarlas. Para mí, era la mejor comida del mundo. Cuando les preguntaba cómo lograban hacer esa magia (normalmente mientras me lamentaba por mis intentos torpes de ayudar) siempre me respondían lo mismo: "Es porque hemos practicado". Lo mismo ocurre con la relación que tienes con tus deseos. Cuando esta área de tu vida parece complicada, a veces es simplemente porque aún no has aprendido a manejarla.

El camino que utilizaremos para descubrir lo que realmente quieres se llama el "camino de la alineación auténtica". Te proporcionará las herramientas y prácticas necesarias para desarrollar esta habilidad esencial. Al trabajar este camino con otras personas he escuchado sus dudas y su confusión, pero también he tenido el honor de ser testigo de cómo eso no es el final de la historia. He visto cómo las grandes preguntas se vuelven más concretas y manejables mediante categorías y acciones sencillas. He observado lo que significa obtener claridad personal, significativa y real. Sé que es posible porque lo he visto suceder.

Si ya se te da bien saber lo que quieres, eso también es estupendo. A veces, las personas me dicen que aprender este camino les ayuda a reconocer y afirmar cosas que han estado haciendo de forma intuitiva. Si ese es tu caso, espero que esto te ayude a entender mejor qué es lo que te está funcionando, por qué es así, y cómo seguir avanzando con mayor intencionalidad. Este proceso puede resaltar los aspectos que ya están funcionando bien para que puedas potenciarlos. Creo firmemente en identificar los puntos brillantes y apoyarse en ellos.

Mina, Ivy, Stephanie, tú y yo formamos parte de una conversación fascinante y continua con nosotros mismos, entre nosotros y con lo divino sobre lo que significa establecer una relación con nuestros deseos, alguno de nosotros quizás por primera vez. La relación que tienes con tus deseos puede ser una de las más importantes y liberadoras de tu vida. Si anhelas eso, quiero decirte que vas por buen camino.

No puedo eliminar por completo la angustia de la pregunta "¿Qué es lo que realmente quieres?", pero juntos exploraremos algunas de nuestras suposiciones sobre los deseos, trabajaremos para obtener claridad y alineación, y uniremos quiénes somos con lo que queremos para crear una vida plena. La niebla del deseo puede ser frustrante, pero no tiene por qué ser el final de tu historia.

SORPRENDENTE E INEVITABLE

Descubrir tus deseos más profundos es algo realmente especial. La mejor manera en que puedo describirlo proviene de un podcast que escucho con regularidad, Pop Culture Happy Hour de NPR (una organización de medios independientes), que, si no lo conoces, es perfecto para esas tardes atrapado en el tráfico cuando quieres algo entretenido, no demasiado serio, pero aun así enriquecedor. En un episodio en particular, el tema del día era los mejores finales de series de televisión de todos los tiempos.

Antes de que cada miembro del panel compartiera sus elecciones (*The Americans, The Bob Newhart Show, Veep* y *The Good Place*, por si tenías curiosidad), dedicaron un tiempo a discutir los criterios que usaron para tomar sus decisiones. Una de los presentadoras, Glen Weldon, describió la fórmula que utiliza: "Resulta que hay una ecuación para la satisfacción narrativa, que es *sorprendente* más *inevitable* es igual a *satisfactorio*. Puede parecer que son conceptos opuestos, pero en realidad no lo son, porque sorprendente significa que, en el momento, no lo viste llegar. Inevitable porque en cuanto tomas distancia… y reflexionas, dices: 'Ah, han estado preparando todo para llegar a este momento; han preparado el camino y han honrado el esfuerzo que le han dedicado, pero nunca habría podido predecirlo'".[1]

Esta combinación emocionante de sorpresa e inevitabilidad es lo que veo suceder cuando las personas se aventuran a descubrir lo que realmente quieren. La sorpresa ocurre cuando te das cuenta de deseos que ni siquiera sabías que estaban ahí, o que creías perdidos hace mucho tiempo. O cuando descubres deseos que van más allá de lo que te habías permitido desear. Esos momentos sorprendentes suceden cuando la oportunidad adecuada llama a tu puerta en el momento justo, aunque jamás lo hubieras imaginado. Te sorprende porque es mucho mejor que aquello con lo que tus miedos te decían que debías conformarte.

Lo inevitable sucede cuando das un paso atrás y ves las pistas que siempre estuvieron ahí. Encuentras algo que sientes que estaba destinado a ser, como una pieza de *rompecabezas* que encaja perfectamente en su lugar. Lo inevitable llega cuando miras atrás a tu propia historia y ves el camino que se había trazado antes de que pudieras entenderlo. Descubres un cuadro de plenitud que parece hecho a tu medida. Te preguntas cómo no lo viste antes.

Sorprendente e inevitable; las marcas de una historia bien escrita, aún más poderosas cuando se trata de una vida bien vivida.

Lo veo todo el tiempo. Lo vi cuando Max aceptó un nuevo trabajo que combinaba perfectamente desafío y apoyo. Lo vi cuando el amor de Abril por grabar y editar videos en su infancia le llevó a una carrera exitosa en edición de video. Lo vi cuando la experiencia de Sara viviendo en el extranjero confirmó su pasión por el desarrollo organizacional internacional. Lo vi cuando Rebeca decidió seguir invirtiendo en dar talleres de acuarela, una combinación perfecta entre su experiencia como artista y terapeuta. Lo vi cuando Stephanie estaba a punto de lanzar un negocio de diseño y plantación de jardines con flora autóctona. Lo vi cuando Evelyn hizo un gran cambio de carrera para trabajar en filantropía, algo que siempre había soñado pero temía que fuera inalcanzable. Lo vi cuando Isabel logró cambiar de rumbo y comenzar como directora de diversidad, equidad e inclusión en educación superior. Lo vi cuando Kate consiguió un trabajo en un laboratorio de investigación líder, fusionando su experiencia en ingeniería con su pasión por la ornitología y la conservación. Lo vi cuando Bora fue seleccionada por el club de lectura de Reese Witherspoon como una de las cinco escritoras que recibirían mentoría por la novela que llevaba años escribiendo. La hermosa y conmovedora mezcla de lo sorprendente y lo inevitable no es solo para los personajes de nuestras series favoritas. También puede ser para nosotros. Si lo deseas, puede ser para ti también.

La magia ocurre cuando descubres cómo tus deseos te hablan para darte claridad en tu vida. Aprendes para qué fuiste hecho. Encuentras los tonos específicos y únicos que representan tu mejor versión. Respondes la pregunta sobre lo que realmente quieres porque lo reconoces en tu cuerpo, porque tu vida te ha mostrado las respuestas. Cuando sabes lo que quieres, eso te transforma. Te hará quedarte sin aliento por la sorpresa, y al mismo tiempo te hará decir: "Por supuesto. Siempre estuvo ahí". Un poco sorprendente. Inevitable en retrospectiva. Profundamente satisfactorio. No se me ocurre nada mejor para ti y la hermosa historia que tu vida está escribiendo.

REFLEXIONA

IDENTIFICA LA NIEBLA DEL DESEO

Toma un momento para entrar en un estado de calma y relajación. Puedes estirarte, rodar los hombros o hacer algunas respiraciones profundas para asentarte. Esta reflexión es una oportunidad para conectar con tu experiencia actual con respecto a la niebla del deseo.

1. En este momento, ¿cómo se manifiesta la niebla del deseo en tu vida? ¿Es similar o diferente a lo que has experimentado antes?
2. ¿Quiénes son las personas en tu vida que pueden ayudarte a procesar dónde estás y qué estás aprendiendo?
3. ¿Cuáles son las esperanzas que tienes para este proceso? ¿Qué tipo de claridad estás buscando?

2

PROPÓSITO Y DESEO

HISTORIA DE DOS HERMANOS

Propósito es respetado y querido por todos, pero su hermana pequeña, Deseo, no lo es tanto.

Personas importantes que ni siquiera miran a Deseo invitan a Propósito con frecuencia a lugares importantes. Cuando Propósito habla, es elocuente, impresionante y seguro de sí mismo, y todos están siempre ansiosos por escuchar lo que tenga que decir. Y ¿cómo no estarlo? Es una estrella y todos lo saben. Ha dado innumerables charlas y no hay una sola sala en la que entre donde no sea el invitado de honor. Llevar su agenda al día es complicado, pero es el precio de ser alguien tan solicitado. Ah, y ¿mencioné la pila de libros que ha escrito?

Deseo, por otro lado, tiene una historia muy diferente.

Una vez, Deseo intentó presentarse a la misma reunión crucial que su hermano, y fue tan impactante que todos perdieron la concentración. Nadie fue lo suficientemente grosero como para decir algo en voz alta, pero todos pensaban lo mismo: "¿Qué hace *él* aquí? ¿Cómo logró pasar el control de seguridad?".

En su defensa, es cierto que Deseo puede ser un poco salvaje. Para empezar, tiene la mala costumbre de hacer preguntas inquietantes en el momento menos oportuno y es prácticamente alérgico a hacer las cosas simplemente porque "así es como siempre se han hecho". Si no lo conociera, diría que en realidad no le importan las reglas y que prefiere vivir con matices, intuición y misterio en lugar de un pensamiento rígido en blanco y negro. A diferencia de Propósito, no asistió a una escuela prestigiosa, no tiene las credenciales adecuadas, y no habla el mismo lenguaje que los demás. Esto hace que, en ocasiones, sea difícil tomar en serio sus ideas. No es sorprendente que, después de años de esto, se haya ganado las mismas etiquetas de siempre: demasiado excéntrico, demasiado egoísta, demasiado frívolo, demasiado intenso.

Las personas serias prestan atención a Propósito, pero no escuchan a Deseo. ¿Para qué iban a hacerlo?

Pero, últimamente, Deseo está comenzando a cuestionarse por qué las cosas han sido siempre así. ¿Es posible que la hayan subestimado y descartado demasiado pronto? ¿Podría ser que, después de todo, su punto de vista sea algo que la gente necesita y que sus preguntas merecen más tiempo y atención de lo que cualquiera había pensado? Está empezando a creer que tiene más que decir y más que hacer. Con nuestro mundo tan necesitado de sanidad y transformación, quizás los individuos y comunidades que pueden marcar la diferencia en este enredo de crisis y oportunidades sean precisamente aquellas que necesitan el poder de *ambos*: de Propósito y de Deseo en sus vidas.

¿Podría ser que Propósito y Deseo están destinados a ser colaboradores en el proceso de descubrir nuestra plenitud? ¿Es posible que nunca debieron existir en compartimentos separados? Tal vez, al trabajar juntos puedan guiarnos a un descubrimiento más profundo de la plenitud y la alegría. ¿Y si el bien que buscamos proviene de la colaboración mutua y generativa entre Propósito y Deseo?

SOSPECHA Y DESEO

Recuerdo una conversación en la que le conté a alguien que tenía programada una charla en un evento próximo ante un grupo de mujeres sobre el tema de los deseos. Sin saber nada sobre lo que yo planeaba decir, la persona inmediatamente puso una expresión de preocupación y dijo: "Bueno, no todos los deseos son buenos, así que debes tener cuidado". Una respuesta fascinante.

Por supuesto, tenía razón: no todos los deseos son buenos; pero la sospecha instantánea ante el simple concepto de los deseos me llamó la atención, porque no solemos hacer esto con otras cosas en la vida, incluso si, en la realidad, son una mezcla de luces y sombras. Antes de tener hijos, nadie me dijo ni una sola vez que no todos los niños crecen para ser buenas personas y que debía ser cauta. Aunque eso sea técnicamente cierto, sería muy extraño decírselo a alguien. Decir que hablaría sobre deseos fue como si hubiera anunciado que planeaba subir al escenario y repartir permisos para lo peor de la naturaleza humana.

Imaginé que, si en su lugar hubiera dicho que hablaría sobre propósito, no le habría dado ni una segunda mirada y me habría ofrecido su apoyo entusiasta y sin reservas. Me pareció que la idea de deseo activaba de inmediato alarmas que el tema del propósito jamás encendía.

Esta dinámica resalta una creencia generalizada acerca del papel de los deseos en nuestras vidas. En el capítulo 1 hablamos sobre cuán difícil puede ser saber realmente lo que queremos. Desafiamos las suposiciones de que todo el mundo conoce automáticamente sus deseos y que responder preguntas sobre lo que realmente queremos debería ser fácil. También hablamos de lo frecuente que es la niebla del deseo. En este capítulo exploraremos otra suposición igualmente común: la idea de que todos los deseos son sospechosos y que, en su mayoría, se los retrata bajo una luz negativa. Esta perspectiva dificulta que podamos relacionarnos con nuestros deseos de un modo saludable.

He notado que la mayoría de las iniciativas de desarrollo personal se construyen sobre dos supuestos: o bien que todo el mundo sabe implícitamente lo que quiere, o bien que ser una buena persona significa reprimir tus deseos y enfocarte únicamente en los demás. El propósito se considera noble y, por lo tanto, válido. Los deseos no. En muchos casos, el deseo es retratado como el enemigo de una vida con sentido, en lugar de como un posible aliado. A lo largo de los años, al leer y escuchar incontables enseñanzas sobre cómo crear una vida con propósito, los mensajes que escucho una y otra vez son:

> Lo que quieres, de alguna manera, debe de ser malo.
> Los deseos son egoístas. El propósito es heroico.
> Encontrar propósito proviene de enfocarte en lo que otros quieren, no en lo que tú quieres.
> Construir una buena vida significa ignorar tus deseos.

> Ser una buena persona implica descartar tus deseos.
> Nada bueno surge de pensar en tus propios deseos.
> Pensar en lo que tú quieres es señal de inmadurez o falta de carácter.

Aunque entiendo que ideas como estas tienen buenas intenciones y cierta lógica, este enfoque no hace justicia a nuestros deseos ni a lo que tienen para ofrecer. Hay muchos más matices y sabiduría en los deseos y en el papel que pueden desempeñar en nuestras vidas. La respuesta no es tan binaria o simplista como pintar todos los deseos como completamente negativos sin considerar lo positivo que también pueden aportar. Es más fácil tratar los deseos como incondicionalmente negativos, pero eso no significa que sea correcto.

Cuando comencé a profundizar en esta tensión, me di cuenta de que mis sentimientos encontrados acerca de los deseos no solo provenían de mensajes externos, como la conversación que tuve sobre el evento con las mujeres, sino también de mensajes internalizados sobre la importancia de los deseos. Cuando hice mi experimento de cuarenta días, nadie me dijo que lo que estaba haciendo era regresivo, pero había una voz en mi cabeza diciéndome que tal vez lo era. Recuerdo sentirme inquieta, sin saber cómo reconciliar el hecho de que me atraía la idea de reflexionar más sobre mis deseos con mi temor a ser una persona egoísta. Darme cuenta de esto me hizo comprender que los mensajes negativos sobre los deseos no estaban solo "ahí afuera". Es siempre desconcertante cuando te das cuenta de que la llamada proviene desde dentro de la casa. Y sentí que quizás era hora de replantearme algunas de mis perspectivas, porque no coincidían con el bien que veía desarrollarse en mi vida al conectar con mis deseos.

ANTIGUAS NARRATIVAS Y DESEOS

No podía analizar mi pensamiento sobre este tema sin volver a examinar también mi experiencia de fe. En mi vida, esas cosas estaban inseparablemente conectadas. Mi participación en la iglesia y mi cercanía al evangelicalismo jugaron un papel central en la formación de mis actitudes sobre mis deseos. Cuando comencé a cuestionar cómo la religión influía en estas narrativas, hubo mucho que desentrañar. Sé que no todo el mundo ha tenido esta experiencia, y que el trasfondo religioso de cada persona puede o no parecerse al mío, así que no asumo que esta sea la historia de todos, pero para mí, revisar mi formación religiosa era vital, ya que pasé décadas en ese contexto. Mi fe es central e importante para mí, pero nunca había considerado realmente cómo sus mensajes sobre los deseos habían influido en mi vida.

Cuando escuchas lo que se enseña sobre los deseos en el contexto evangélico, el mensaje cargado de culpa suele ser que interesarte por tus deseos significa interesarte muy poco por Dios.[1] Si realmente fueras una persona piadosa y consagrada, no pensarías en absoluto en lo que quieres; solo te preocuparía la voluntad de Dios. Esta retórica suena piadosa, pero plantea muchas preguntas: ¿quién tiene el poder de definir cuál es la voluntad de Dios? ¿Quién se beneficia al presentar tus deseos y la voluntad de Dios como mutuamente excluyentes? Si he estado profundamente comprometida con mi fe por más de veinte años de mi vida, pero el mensaje es que lo que quiero es categóricamente egoísta y debe ser reprimido, ¿no parece eso inconsistente con una cosmovisión que dice que fuimos creados a imagen de lo divino y que Dios quiere acercarse a nosotros en nuestra humanidad? ¿No hay algo que no encaja si mi comprensión central de mí misma se supone que debe ser que soy un ser humano sin valor, incapaz de confiar en lo que quiero?

Consideré cómo el patriarcado desempeña su papel en esto porque, en muchos contextos evangélicos, los deseos de los hombres suelen llamarse visionarios, mientras que los deseos de las mujeres no reciben una interpretación tan generosa. Llegué a sospechar que decir que antepones la voluntad de Dios a tus deseos pecaminosos suena bien en un sermón del domingo en la mañana, pero sin considerar un conjunto diverso de experiencias vividas, puede utilizarse para perpetuar un tipo dañino de complacencia con los demás y una obediencia incuestionable a un liderazgo jerárquico que carece de la complejidad necesaria para guiar nuestras vidas, lo que en última instancia hace que las personas renuncien a la dignidad y la intervención que se nos han dado como seres humanos creados a imagen de Dios. También empecé a cuestionar quién se beneficia cuando a las personas que han sido históricamente marginadas y subrepresentadas, como las mujeres, las personas de color, las personas con discapacidad o las personas LGBTQIA+, se les dice que no tienen derecho a pedir lo que quieren.

En lugar de aferrarme a un modo de pensar que comenzaba a sonar mucho a una especie de autoanulación, aprendí sobre místicas como Teresa de Ávila, quien enseñaba que el camino de la fe era como una serie de habitaciones en un castillo que evolucionan con el tiempo a medida que maduramos.[2] Me sentí invitada a una experiencia de fe en crecimiento y evolución que no era rígida ni controladora. Bajo el liderazgo de teólogas mujeristas, escuché un llamado a recuperarse a una misma, recuperar el cuerpo y recuperar el ser completo de una manera que no trazaba líneas rígidas entre lo secular y lo sagrado, como estaba acostumbrada a escuchar.[3] *Womanismo* (o *mujerismo* para algunas personas, viene del inglés *womanism*) es un término acuñado por la autora y académica Alice Walker para describir una perspectiva que centra las experiencias, puntos de vista y liberación de las mujeres de color.[4] Las académicas *womanistas* mostraban la profunda importancia de ver las cosas desde una perspectiva interseccional. Aprendí sobre los valores fundamentales de la justicia restaurativa, el primero de los cuales dice que el verdadero ser de cada persona es bueno, sabio y poderoso.[5] Esto me pareció un contrapunto refrescante a la narrativa de que los seres humanos son únicamente y para siempre depravados. Estudié la espiritualidad de Ignacio, que enseña que los deseos en una persona espiritualmente integrada son esenciales para el crecimiento y son una manera indispensable de escuchar la voz de Dios.[6] Aprendí de maestros indígenas que señalaban una cosmovisión arraigada en la interconexión de todas las cosas en lugar de los conceptos binarios.[7] Ofrecían una comprensión holística de nosotros mismos en relación con el Creador y la creación, que se sentía tanto liberadora como convincente. Y regresé a Jesús mismo, quien es presentado como el Verbo hecho carne, la encarnación del cosmos, cuyas primeras palabras registradas en el Evangelio de Juan son: "¿Qué quieren?" (Juan 1:38).

EGOÍSMO Y DESEO

Por supuesto, el enfoque individualista y el egoísmo son un problema en nuestro mundo. No es difícil demostrarlo, dada la cantidad de maldad y dolor que tan a menudo nos rodean. No podemos ignorarlo. Si eres una persona terrible que hace el mal a los demás sin remordimiento hacia tus congéneres, no eres alguien a quien se le deba decir que preste más atención a sus deseos. Pero también he llegado a reconocer que el discernimiento nos dice que el hecho de que algo sea *un* problema no significa que sea *el único* problema, lo cual también implica que puede que no sea *nuestro único* problema.

Estar enfocado egoístamente en los propios deseos no es la única manera en que los deseos pueden ser perjudiciales. Aristóteles argumentó que la conducta moral es el punto medio entre los dos extremos del exceso y la carencia. Demasiado coraje, y te vuelves propenso a la imprudencia. Demasiado poco, y eres incapaz de actuar cuando es necesario.[8] Sin duda, un exceso de deseo sin consideración por las necesidades colectivas lleva al egoísmo, la arrogancia y el dolor; pero una falta de deseo conduce a la pasividad tóxica y la autoanulación, impidiéndonos alcanzar una vida plena. Esto también daña el bien común.

Seguro que no entrarías en una farmacia y comenzarías a tomar cualquier medicamento recetado a otra persona. De la misma manera, cuando escuchas enseñanzas sobre los deseos debes preguntarte: ¿de quién es esta receta? Pertenece a alguien, pero ¿es para mí? Algunas personas necesitan que se les diga que piensen menos en lo que quieren y más en lo que desean los demás para poder avanzar hacia una vida verdaderamente plena; sin embargo, ese grupo de personas no es el mismo que el de muchas de las personas con las que he hablado, que me dicen que luchan con querer agradar siempre a los demás, la falta de límites saludables, ser subestimadas y silenciadas, y el sobreesfuerzo por el bien de otros. He aprendido que, para estas últimas, el consejo de ignorar los deseos o verlos solamente como una fuerza dañina que debe ser reprimida puede ser como darles la receta equivocada.

Los deseos no tienen por qué ser una licencia para el egoísmo individualista. Nuestros deseos pueden ser importantes sin que sean solo sobre nosotros. Cuando se manejan bien, los deseos nos ayudan a prosperar y, al escucharlos, nos ayudan a contribuir al bienestar de los demás. No tenemos que aceptar un falso enfoque binario que enfrenta propósito y deseo, cuando la realidad es que ambos coexisten y pertenecen a la misma familia. Están destinados a estar vinculados y, en su mejor expresión, trabajan hacia el mismo fin: ayudarnos a construir vidas de alegría, plenitud e impacto.

PROPÓSITO Y DESEO

El propósito, como sabemos, es esencial para crear una vida con significado. El deseo sin propósito fácilmente se vuelve egocéntrico, pero el propósito también necesita deseo. Esto se debe a que el propósito sin deseo a menudo nos conduce a hacer lo que creemos que *deberíamos* hacer en lugar de reconocer lo que realmente estamos *destinados* a hacer.

Dejar atrás el deseo, incluso para buscar algo tan significativo como el propósito, puede llevarnos a lo grandioso, lo grandilocuente y lo abstracto en lugar de a la realidad concreta de nuestras vidas, con todo lo humano, limitado y mágico acerca de quiénes somos realmente. Cuando hacemos esto, acabamos con un enfoque de construcción de nuestra vida de arriba hacia abajo, basándonos en una directriz sobre a dónde deberíamos ir en lugar de escuchar quiénes somos realmente y lo que nuestras vidas nos están diciendo. La gente me cuenta que abordar el propósito como una directriz lo hace sentir como un ideal tan elevado que parece inaccesible e inalcanzable. En mi experiencia, el propósito ha demostrado ser un destino maravilloso, pero un punto de partida poco útil. Si cuando más perdida me sentía hubiera esperado a tener claridad sobre mi propósito antes de avanzar, todavía estaría esperando. Por eso me apasiona tanto comprender el papel crucial que juegan nuestros deseos en el descubrimiento de aquello para lo que fuimos creados.

El educador y autor Parker Palmer lo describe de esta manera cuando dice: "Antes de poder decirle a mi vida qué quiero hacer con ella, debo escuchar a mi vida diciéndome quién soy. Debo escuchar la verdad y los valores en el corazón de mi propia identidad, no los estándares por los que *debo* vivir sino los estándares por los que no puedo evitar vivir si estoy viviendo mi propia vida".[9] Cuando pasamos por alto nuestros verdaderos deseos, corremos el riesgo de construir una vida que luce bien sobre el papel, pero que está desconectada de quienes somos en realidad y de nuestra mejor manera personal de marcar la diferencia en el mundo. El agotamiento, la desalineación, y la sensación de estar estancados suelen ser el resultado, y el mundo pierde parte de la magia que estábamos destinados a aportarle.

Nuestros deseos más profundos no aceptan una versión del propósito, por noble que sea, que no esté alineada con quienes somos. No nos permitirán seguir una abstracción que no esté enraizada en el modo en que nuestras almas prosperan. Nuestros deseos no nos dejan escapar de mostrarnos tal como somos. Nos obligan a prestar atención a nuestras experiencias vividas de una manera en la que el propósito no siempre nos pide que lo hagamos.

Tus deseos contienen una sabiduría que no se encuentra en ninguna otra parte de tu alma. Tal vez sea posible tratar de crear una vida plena estando alejado de tus deseos, desconfiando de ellos, e incapaz de interactuar con ellos de manera significativa, pero es un camino más difícil. Ninguna cantidad de esfuerzo podrá hacerte escapar de la verdad de quién eres.

La separación rígida entre propósito y deseo suele ser bienintencionada, pero es increíblemente miope. Los deseos son dirección, impulso y descubrimiento. Conocer tus deseos es otra manera de decir que estás siendo guiado hacia llegar a ser la persona en la que quieres convertirte. Son sabios para revelar la forma de prosperar que es auténtica para tu verdadero yo. Te ayudan a construir una vida desde la diferencia que genera tu desarrollo. Eso es lo que significa vivir con propósito y deseo.

EL PROPÓSITO COMO ALINEACIÓN

Integrar el propósito y el deseo para darle significado a nuestras vidas a menudo parece contraintuitivo. Nos exige prestar atención a pequeños destellos de interés y deseo orgánico, confiando en que con el tiempo esos destellos nos mostrarán cómo están conectados con un propósito mayor. Pero esto puede ser inquietante porque estamos acostumbrados a que nos digan que primero debe haber un sentido claro y firme de propósito, y que debemos tener una "buena razón" para todo lo que queremos. Es fácil sentirse inseguro cuando intentamos vivir en el misterio de cómo el deseo nos lleva, con el tiempo, a un sentido de propósito.

No siempre tendremos el lujo de saber qué construirán nuestros deseos en nuestras vidas antes de que se presenten, pero si creemos que el deseo y el propósito están interconectados, podemos confiar en que nuestros deseos generan claridad de propósito. Esto no es tan aceptado como sentarse a escribir una declaración de propósito de vida hermosa y elocuente, pero es un proceso orgánico, realista y válido. Si crees que escuchar a tus deseos genera alineación con el que debe ser el propósito de tu vida, estarás dispuesto a confiar en la sabiduría de tus deseos, aunque necesites un poco más de paciencia para ver cómo todo encaja.

Cuando vemos el propósito como un proceso de alineación orgánica y holística, reconocemos los roles del propósito y el deseo como socios y cómplices. Nuestros deseos nos brindan pequeños momentos orgánicos de sabiduría que, poco a poco, se unen en un significado mayor. La plenitud que nace de este tipo de asociación es lo suficientemente amplia como para cuidar del mundo y lo suficientemente tangible como para mostrarnos cómo llevarla a cabo; sucede cuando creemos que lo que queremos traza el camino para convertirnos en quienes estábamos destinados a ser. El propósito y el deseo se alinean porque siempre estuvieron destinados a trabajar juntos.

Lo que realmente quieres, por confuso que pueda parecer en este momento, importa, y es importante tanto para ti como para el mundo. Cuando entiendes que el propósito y el deseo están conectados, tu amor por los demás debería hacer que estés más, no menos, interesado en cómo tus deseos te están hablando porque sabes que te llevan a descubrir un punto de encuentro entre la alegría y la satisfacción, una integración entre impacto y alineación, y una convergencia entre hacer el bien y prosperar. Es aquí donde brillan nuestros deseos. Eso es lo que estaban destinados a ayudarnos a descubrir. Creo que es el momento adecuado para tomarnos en serio saber lo que queremos.

REFLEXIONA

CHEQUEO DE REALIDAD DEL DESEO

A menudo tenemos tensiones internas y paradojas en torno a nuestros deseos sin ni siquiera darnos cuenta. Cuando profundizamos más en nuestros deseos, descubrimos muchas cosas justo debajo de la superficie, como en la conocida imagen de un iceberg que muestra lo poco que realmente vemos por encima del agua en comparación con lo que hay debajo. Este ejercicio de reflexión está diseñado para ayudarte a notar lo que podría estar ocurriendo bajo la superficie, en las suposiciones, pensamientos y patrones inconscientes que llevas contigo sobre los deseos, para que puedas ser más consciente de ellos. Esto te ayudará a desenvolverte mejor en esas dinámicas. Para hacerlo, escribe debajo de cada sección de la cuadrícula algunos pensamientos, sentimientos o reacciones que vengan a tu mente.

CHEQUEO DE REALIDAD DEL DESEO

¿En qué me beneficia silenciar mis deseos?	¿En qué **no** me beneficia silenciar mis deseos?

¿En qué beneficia a los demás que silencie mis deseos?	¿En qué **no** beneficia a los demás que silencie mis deseos?

PREGUNTAS PARA REFLEXIONAR

1. ¿Qué te muestra este ejercicio sobre las suposiciones que tienes acerca de los deseos?
2. Si tuvieras que resumir tu relación con tus deseos, ¿cómo la describirías? ¿Tiendes a ver los deseos como algo positivo, negativo, o una mezcla de ambas cosas? ¿Qué contribuye a tu perspectiva?
3. ¿Percibes una invitación o un próximo paso a partir de esta reflexión? Si es así, ¿cuál sería?

3

LOS CUATRO TIPOS DE PREGUNTAS QUE ESTORBAN Y QUÉ PREGUNTAR EN SU LUGAR

Unos meses después de ser rechazada para el puesto de vicepresidenta conocí a Chris, y agendamos una entrevista informativa en un esfuerzo por descifrar el asunto tan poco importante de mi futuro. Lo había conocido recientemente y me había enterado de que trabajaba para una empresa que a mí me interesaba, y él estuvo dispuesto (muy generoso de su parte) a tomar un café y charlar acerca de su experiencia. Habíamos coordinado una reunión, y recuerdo respirar aliviada después de llegar a tiempo a pesar del terrible tráfico ese día en Los Ángeles. Cuando nos sentamos en una mesa en la terraza, mentalmente me di a mí misma una palmadita en la espalda por ser lo suficientemente funcional como para dar un paso productivo, aunque pequeño, hacia lo siguiente.

Todo iba bien hasta que me hizo una pregunta. Seguro que puedes adivinar cuál. "Entonces, ¿qué quieres?". Era una pregunta perfectamente racional dentro del tipo de conversación que estábamos teniendo, pero su consulta desató en mí una minicrisis interna de pánico que esperaba que no fuera evidente. Mi mente se llenó de pensamientos desordenados mientras intentaba dar una respuesta decente. Pensamientos como: *¿Qué* quiero realmente? ¿Qué clase de pregunta es esa? ¿Qué importa lo que yo *quiera*? En primer lugar, ni siquiera sé qué es posible. ¿Para qué decir que quiero algo si nunca podría suceder? De hecho, ¿por qué no me dice él qué opciones ve viables para mí, y yo le haré saber cuál de ellas quiero? Tiene todo el sentido del mundo que alguien a quien conozco desde hace pocas semanas esté más capacitado que yo para decirme qué es posible en mi vida. Aunque yo supiera lo que quiero, ¿podría ser verdaderamente sincera con él al respecto? ¿Qué pasa si digo algo y él se ríe en mi cara porque cree que no estoy calificada para ello? ¿Cómo se supone que *alguien* sabe con certeza lo que quiere? ¿Y si digo algo y estoy equivocada? Entonces ¿qué?

Finalmente, para rematar, le añadí una buena dosis de actitud defensiva: ¿cómo se atreve a hacerme una pregunta tan frustrante? ¡¿Quién se cree que es?! (Chris, si estás leyendo esto, puedo ver que esto era completamente mi problema, no el tuyo). Para llevar la conversación a un terreno más seguro, di una respuesta genérica y esperé que fuera suficiente para alejarme de esta caja de Pandora por el momento.

Más tarde, cuando regresé a mi auto, seguía sin tener una buena respuesta a su pregunta. También me pregunté por qué esta cuestión tan simple y razonable me había resultado tan pesada, y pensé: *Parece que esto genera emociones intensas en mí*. Bastante perspicaz, lo sé.

Lo que me pasó en una simple reunión tomando un café es lo que nos ocurre a muchos cuando nos preguntamos qué queremos. Lo que comienza como una pregunta directa termina desatando una avalancha de otras preguntas que llegan acompañadas de emociones difíciles como el miedo, la vergüenza, la inseguridad y la ansiedad. Preguntar por nuestros deseos puede ser una cuestión vulnerable de por sí, pero se vuelve aún más complicada cuando desencadena tantas otras preguntas y sentimientos. Por eso, simplemente preguntar (o que nos pregunten) qué queremos no siempre significa que podamos dar una buena respuesta.

Esto es humano y comprensible. Cuando se trata de nuestros deseos, nos hacemos muchas preguntas porque a menudo tenemos preocupaciones válidas. Cuestionamos lo que es factible porque no es fácil saber si nuestros sueños son realistas. Nos preguntamos si estamos capacitados porque es difícil evaluar si estamos siendo valientes o ilusos. Hacer un gran cambio en la vida es confuso; si fuera fácil, ya lo habríamos hecho. Empezar algo nuevo es complicado, y es natural que lidiemos con las incertidumbres, especialmente cuando hay en juego realidades difíciles, como consideraciones económicas. Fingir que todo esto es sencillo no ayuda. Debemos hacernos preguntas, pero eso no significa que no debamos ser más conscientes de cómo esas preguntas pueden ayudarnos o dificultarnos a la hora de esclarecer las cosas. Cuando aprendamos a formular preguntas de manera más efectiva, estaremos en una mejor posición para abordar el proceso.

PREGUNTAS PRIMARIAS Y SECUNDARIAS

Para encontrar un camino entre tantas preguntas, necesitamos aprender a hacer mejores preguntas. Esto comienza con recordar que no todas las preguntas son igualmente útiles. Algunos tipos de preguntas son esenciales y debemos priorizarlas. Otras generan más confusión, especialmente si las hacemos demasiado pronto, y no nos ayudan a avanzar. Estas pueden dejarnos más confundidos que al inicio. Por eso, es importante comprender cómo funcionan las preguntas en el proceso de aclaración de nuestros deseos.

En otras palabras, algunas preguntas deben llevar el volante, mientras que otras son muy malas conductoras. Las preguntas primarias nos ayudan a prestar atención a nosotros mismos, a estar abiertos a las posibilidades, y a descubrir las mejores maneras de avanzar. Nos ayudan a responder qué queremos realmente de una manera significativa, y son clave para priorizar. Hacer preguntas primarias nos ayuda a crear la mentalidad y los hábitos necesarios para dar vida a nuestros deseos con más claridad y creatividad. Son las buenas conductoras que debemos poner al volante.

Las preguntas secundarias, en cambio, nos dificultan a la hora de escuchar nuestros deseos. Si las dejamos conducir, nos harán dar vueltas en círculos, gastarán toda nuestra gasolina y nos dejarán tirados en medio de la nada. Cero estrellas en Uber. No gastaremos nuestra única, salvaje y preciosa vida permitiendo que esas preguntas nos hagan eso.

Algunas preguntas secundarias expresan preocupaciones legítimas, mientras que otras realmente no lo hacen. Debido a su naturaleza (cargadas emocionalmente) y cantidad (demasiadas), la mejor forma de describirlas es *ruidosas*. El volumen emocional de las preguntas secundarias hace difícil escuchar cualquier otra cosa. Nos gritan miedos, ansiedades e inseguridades. Con ese ruido en la cabeza, no es de extrañar que nos sea difícil escuchar hablar a nuestros deseos. Hablar de lo que queremos ya es complicado, pero si estas preguntas se interponen y nos llenan la mente con todo lo peor que pudiera pasar, parece imposible. Si eres padre o madre y alguna vez has intentado tener una conversación adulta mientras los niños gritan alrededor, lo entiendes. Estas preguntas nos gritan mientras nuestros deseos apenas susurran.

Más adelante profundizaremos en las preguntas primarias, pero quiero comenzar con las secundarias. Como estas suelen ser más fuertes y ocupan más espacio en nuestra mente, he descubierto que es más fácil abordar las primarias después de haber identificado y manejado las secundarias. Como dije antes, hay que decirles que suelten el volante y se sienten atrás.

En una ocasión, después de hablar sobre este tema, alguien se me acercó y me dijo: "Nunca me había dado cuenta de lo mucho que las preguntas secundarias dominan mi pensamiento todo el tiempo. Pienso en ellas constantemente, así que no es de extrañar que me cueste tanto escuchar lo que quiero". Esto nos pasa a muchos cuando no hemos reflexionado sobre el tipo de preguntas que nos hacemos. Prestar atención a las preguntas secundarias es un primer paso importante para evitar que nos abrumen o ahoguen nuestros verdaderos deseos.

Las preguntas secundarias se dividen en cuatro categorías: *preguntas de competencia*, *preguntas pragmáticas*, *preguntas capitalistas* y *preguntas de permiso*. Hay cierta superposición entre ellas, pero cada una tiene su propia dinámica. Exploraremos cada tipo por separado, analizando cómo suenan, los problemas que generan en relación con los deseos, y qué preguntar en su lugar. Algunas personas se identifican más con un tipo de pregunta, mientras que otras se ven reflejadas en las cuatro. Por ahora, simplemente observa cuáles se aplican a ti. Luego mencionaremos preguntas mejores, pero primero aprenderemos cómo bajar el volumen de estas preguntas secundarias ruidosas.

PREGUNTAS DE COMPETENCIA

Las preguntas de competencia nos hacen dudar de lo que somos capaces y tienden a hacernos sentir que lo que queremos está fuera de nuestro alcance porque nos faltan los dones o talentos para conseguirlo. Incluso si podemos nombrar lo que queremos, ese deseo diminuto está inexplicablemente ligado a un sentimiento de duda gigantesco. "No me pregunto si quiero hacer lo que me entusiasma porque nunca tendré las calificaciones necesarias ni sería lo suficientemente bueno para llegar ahí en primer lugar". Saber lo que queremos es irrelevante porque de todos modos nos falta la competencia, o eso es lo que pensamos. Las preguntas de competencia nos hacen centrarnos en que inevitablemente nos quedaremos cortos ante nuestros deseos más profundos.

Ejemplos de preguntas de competencia:

¿Tengo lo que hay que tener?

¿Realmente soy capaz de esto? Si no, entonces debería conformarme con lo que sea más factible.

No soy capaz de esto porque no tengo x, y o z cualidades o credenciales, ¿cierto?

¿Qué me falta en términos de experiencia, habilidades o talentos? ¡Hagamos un inventario completo!

¿Quiénes son todas las personas más experimentadas y mejor calificadas para hacer esto?

¿Soy el mejor del mundo en esto? Si no es así, entonces no debería intentarlo en absoluto.

Uno de los problemas principales con estas preguntas es un error de medición, lo cual es otra forma de decir que estoy segura de que no eres muy bueno evaluando tus propias habilidades. ¿Alguna vez te han dicho tus amigos que te estás subestimando? Esa es una buena señal de que este podría ser tu caso. Hacer *coaching* me ha enseñado lo increíblemente mal que la mayoría de nosotros identificamos nuestras habilidades, fortalezas, dones y talentos. Si eres la excepción a la regla, eso es increíble, sigue así; pero he aprendido que muchos de nosotros somos bastante malos para evaluarnos con precisión.

Puede que no tengas todas las habilidades del mundo entero, pero creo que puedes hacer mucho más de lo que crees. Si no puedes entonar ni una nota, no estoy diciendo que debas hacer como que te convertirás en la próxima Beyoncé. No necesitas crearte una imagen grandiosa de ti mismo, pero sí necesitas cuestionar tus preguntas de competencia y aprender a tomarlas con mucho escepticismo. No solo no te ayudan a escuchar bien tus deseos, sino que a menudo son completamente erróneas y están basadas en suposiciones defectuosas. Te mantienen enfocado en lo que te falta y en por qué no das la talla, en lugar de enfocarte en tus fortalezas, tu potencial y tu capacidad de aprender. Además, ¿puedes nombrar algo bueno que haya surgido de menospreciarte, enfocarte en todo lo que te falta, y desvalorizar tu propio talento y experiencia? Yo tampoco. Así que quizás sea hora de dejar que las preguntas de competencia se sienten en el asiento de atrás.

En lugar de preguntas de competencia, hazte preguntas sobre lo que te da vida.

Una de las preguntas más fundamentales que puedes hacerte sobre tu vida es qué te hace sentir vivo. Hacer preguntas sobre lo que te da vida en lugar de hacerlo sobre lo competente que eres, te ayuda a prestar atención a lo que realmente te llena en lugar de enfocarte en por qué vas a fracasar. Si alguna vez has vivido la experiencia de que alguien te pregunte si te interesa una posible oportunidad y tu reacción instintiva haya sido pensar en todas las habilidades y calificaciones que te faltan, ese es el ejemplo perfecto de cuándo hacer preguntas de vitalidad en lugar de preguntas de competencia.

La vitalidad se manifiesta en nuestras vidas cuando encontramos momentos en los que el tiempo parece detenerse. Son momentos llenos de fluidez, energía y disfrute. Como te habrás dado cuenta, no todas las formas de pasar nuestro tiempo son iguales. Pasar sesenta minutos haciendo algo que te hace sentir vivo es completamente distinto a pasar el mismo tiempo haciendo algo que te resulta insoportable. La vitalidad ocurre cuando descubres experiencias en tu vida que te llenan de energía, te satisfacen, y te hacen decir: "No puedo esperar para hacer esto otra vez".

Cuando descubres algo que te prende por dentro es un gran acontecimiento, incluso si no es algo que pondrías en un currículum. Ojalá celebráramos más la vitalidad los unos de los otros y no solo nuestros logros. Me encanta cuando hay un gran hito, un momento importante o un premio, pero ¿no sería increíble si celebráramos más el raro y hermoso acto de descubrir un pedazo de nuestra vitalidad? Me gustaría que mucho más a menudo dijéramos cosas como: "Has encontrado algo que te hace sentir vivo y eso es un descubrimiento increíble. Vale la pena celebrarlo".

Si estás tentado a sentirte inseguro por tu aparente incompetencia o falta de credenciales, presta atención a lo bien que te sientes cuando haces algo que te llena. Observa lo mucho que disfrutas haciendo lo que realmente quieres hacer. Cambia tu enfoque de fuentes externas de confianza, como las calificaciones y la validación de los demás, a una experiencia interna de confianza que proviene de hacer algo que realmente te aviva. Las confirmaciones externas de tus habilidades son estupendas, pero no pueden sustituir la experiencia de hacer cosas que te dan vida. Una vez que has identificado lo que te llena, siempre puedes preguntarte qué programas, habilidades o credenciales podrías añadir para respaldar eso. Es ahí donde las preguntas de competencia pueden ser útiles. Puedes aprender nuevas habilidades que respalden tu vitalidad, pero es difícil hacerlo al revés e intentar generar vitalidad donde no la hay.

Recuerda que otras personas pueden evaluar tu competencia y decirte lo que piensan sobre tu desempeño desde su perspectiva externa, pero nadie puede decirte qué es lo que te hace sentir vivo. Te debes a ti mismo mantener esto como una prioridad importante y prestar atención no solo a las preocupaciones sobre la competencia, sino también a la vitalidad. Recuérdate a ti mismo que siempre puedes aprender nuevas habilidades, sumar experiencia y desarrollar tus competencias, pero encontrar las cosas que realmente te hacen sentir vivo y que disfrutas hacer es algo único.

Las afirmaciones ayudan a enfocar tu atención en lo que te hará crecer. De hecho, la investigación respalda la práctica de hacer afirmaciones para el bienestar psicológico, y hay evidencia científica que sugiere que la corteza prefrontal ventromedial (la parte del cerebro relacionada con el procesamiento de las emociones y el concepto de uno mismo) se activa considerablemente durante las afirmaciones.[1] Las afirmaciones positivas también están vinculadas a una reducción del estrés, un mayor bienestar, y una mayor apertura a cambiar tu conducta. Puedes elegir una afirmación que te identifique o crear la tuya propia.

11 Afirmaciones para la vitalidad

- Puedo aprender cualquier cosa que necesite saber.
- Trabajar desde mi profunda alegría es poderoso.
- Elijo estar orgulloso de mí mismo.
- Aporto fortalezas únicas a las cosas que hago.
- No me comparo con los demás. Mi camino es solo mío.
- Tengo un potencial que está esperando a ser activado.
- Elijo palabras amables para hablarme a mí mismo.
- Estoy creciendo.
- Confío en mi alegría.
- Estoy agradecido por lo que me da energía e inspiración.
- Tengo todo lo que necesito para hacer lo que estoy destinado a hacer.

Preguntas sobre vitalidad

- ¿Qué haces que realmente disfrutas?
- ¿Cuáles de las cosas que ya haces describirías como las más divertidas?
- ¿Qué cosas te resultan más fáciles?
- ¿Qué es algo que haces en lo que sientes que recibes tanto como das, o incluso más?
- ¿Cuál es un elogio de alguien sobre algo que has hecho y que significa mucho para ti?
- ¿Qué te prende por dentro?
- ¿Qué te hace perder la noción del tiempo?
- ¿Qué te gusta hacer sin que nadie "te obligue" a hacerlo?
- ¿Qué aprendes de manera rápida o sencilla?
- ¿Cuándo fue la última vez que hiciste algo y sentiste que no podías esperar para hacerlo de nuevo?
- ¿Qué significa la vitalida para ti?

PREGUNTAS PRAGMÁTICAS

Las preguntas pragmáticas son las preocupaciones prácticas que nos dicen que nos enfoquemos en lo que es realista por encima de todo. Son similares a las preguntas de competencia porque ambas se centran en determinar si un deseo es realista, pero las preguntas pragmáticas están orientadas a todos los aspectos en que nuestros deseos son poco prácticos, en lugar de enfocarse principalmente en nuestras carencias.

A las preguntas pragmáticas les encanta señalar las infinitas maneras en que un resultado puede quedarse corto frente a nuestros sueños. Las tendencias del mercado, las suposiciones y generalizaciones sobre lo que es posible, los casos de personas que lo intentaron y (¡horror!) fracasaron, y otros datos "irrefutables" difíciles de discutir, intentan convencerte de que lo que quieres no es más que una fantasía. ¿Es eso realmente posible? ¿Es realista? ¿Acaso no es solo un sueño imposible? Estas preguntas producen dudas, presentan tus deseos como algo que nunca podría suceder, y se centran en lo poco práctico de lo que quieres. La conclusión lógica es: ¿para qué saber lo que quieres si de todas formas nunca va a suceder?

Estas preguntas suenan convincentes y parecen bienintencionadas, casi como si tuvieran en mente nuestro bienestar. Parece que nos están haciendo un favor al no dejarnos ilusionarnos por miedo a la decepción. La suposición implícita es que sería insoportable admitir que queríamos algo y no lo conseguimos. Las preguntas pragmáticas se presentan como medidas de protección bienintencionadas contra la desilusión, pero nunca nos detenemos a cuestionar si hay cosas peores que sentirse decepcionado.

Ejemplos de preguntas pragmáticas:

¿*De verdad* puede suceder esto? (Esta casi ni cuenta como pregunta, porque es retórica y en realidad significa: "No, esto no puede suceder").

¿Me decepcionaré si lo intento? Y si es así, ¿no es mejor ni siquiera intentarlo?

¿No es esto poco realista? ¿No es poco práctico?

¿Puedo ver cada uno de los pasos necesarios para que esto funcione?

Esto les sucede a otras personas, pero ¿podría sucederme a mí?

O lo contrario: Esto no funcionó para otros; ¿qué me hace pensar que para mí sería diferente?

Cuando las preguntas pragmáticas están al mando, es posible que veas destellos breves de tus deseos, pero no duran mucho antes de ser aplastados. Estas preguntas se mueven con rapidez. Atacan cualquier chispa de deseo antes de que tenga una oportunidad real de sobrevivir. Apenas identificas un deseo, estas preguntas lo destruyen. No necesitas que nadie más apague tu entusiasmo, porque ya lo has hecho tú mismo. No es de extrañar que, cuando te preguntas qué es lo que realmente quieres, no tengas nada que decir. Esos deseos se marcharon hace tiempo, silenciados por este tipo de interrogatorios. Las preguntas pragmáticas también pueden hacerte dudar y dejarte atrapado en un ciclo interminable de preguntas.

Estoy completamente a favor de ser práctico, pero el problema del pragmatismo es que no es un buen punto de partida. Cuando los deseos son nuevos y vulnerables, el pragmatismo, si se aplica demasiado pronto o con demasiada fuerza, puede sofocarlos. En el marco de trabajo de *Working Genius* de Patrick Lencioni hay una categoría de genialidad relacionada con ser realista y planificar y ejecutar con excelencia,[2] pero esta habilidad no suele funcionar bien si se introduce demasiado pronto en el proceso creativo, cuando es importante dar espacio a las ideas y posibilidades.

Si estás comenzando a explorar un deseo, no importa si es realista. Es más importante proteger ese deseo y darle espacio para respirar. Reconocer o expresar un deseo en voz alta, especialmente cuando parece incierto, es un acto increíblemente tierno y vulnerable. Cuando veo a alguien hacerlo, sé que lo que necesita es celebrar y profundizar en ese deseo, no que alguien le haga un interrogatorio sobre logística, viabilidad y realismo.

No hace falta mucho para considerar un deseo poco realista y descartarlo por completo. A veces parece que nuestra capacidad para aplastar nuestros propios deseos en nombre del pragmatismo puede ser activada con la más mínima excusa. Es cierto que la decepción es dolorosa, pero no tiene que ser el enemigo mortal que hemos hecho de ella. Hablaremos mucho más de esto en el capítulo 7. Si quieres evitar la trampa del pragmatismo, no te obsesiones con si un deseo es realista, especialmente antes de darle una oportunidad justa. Esto es aún más importante si el deseo es nuevo o es particularmente vulnerable. Declara para ti mismo que, por ahora, lo único que importa es que el deseo es *real*. Que eso sea suficiente. Dales a tus deseos el aire necesario para respirar y observa cómo crecen. La practicidad puede esperar. Habrá tiempo para eso más adelante.

En lugar de preguntas pragmáticas, hazte preguntas sobre la imaginación.

Hacer preguntas sobre la imaginación les da a tus deseos un espacio más allá de los límites del pragmatismo. La imaginación abre espacio para la creatividad y no permite que las cuestiones prácticas lo gobiernen todo. Ama la poesía, la creatividad y los mitos. Mis ancestros miraban la luna, veían a la esposa de un arquero en su superficie, y contaban historias sobre la traición que la separó del amor de su vida. Nuestros ancestros necesitaban enfocarse en la supervivencia, pero también miraban a las estrellas y veían guerreros, leones y diosas que les devolvían la mirada. Creaban belleza, color, música e historias. En nuestro mundo actual necesitamos ser pragmáticos, pero no podemos olvidar que la imaginación también forma parte de lo que significa ser humano. Los sueños nacen cuando nuestros deseos pueden bailar con la imaginación.

Una práctica que puede ayudarte a abrazar la imaginación es el juego. Normalmente pensamos en el trabajo y el descanso como opuestos, pero no creo que eso sea del todo cierto. Es demasiado fácil ver el descanso como un medio para volverse más productivo y trabajar más duro. Como Tricia Hersey explica en su libro *Rest Is Resistance* [El descanso es resistencia], el descanso es una necesidad humana, como la comida, el agua o el aire; todos merecen descansar.[3] Creo que el verdadero opuesto del trabajo es el juego. El juego te lleva a involucrarte en lo que haces por pura alegría y deleite. Es la mejor medicina contra un sentido del pragmatismo excesivo. En un mundo de listas de tareas, el juego importa.

Una manera de comenzar a practicar el juego de modo regular es reflexionar sobre lo que solías hacer por diversión cuando eras niño. ¿Qué recuerdas haber hecho cuando eras pequeño? Cuando tenías un día de verano sin nada que hacer, ¿cómo pasabas el tiempo? ¿Cómo ocupabas las horas cuando ningún padre o maestro te decía lo que deberías estar haciendo? Además de hacer las mejores galletas de barro del vecindario, a mí también me encantaba aprender a hacer cosas yo sola. Aprendí sola a andar en bicicleta, nadar, patinar y hacer malabares con un bastón. Coleccionaba pegatinas y creaba pines de la banda que me obsesionaba. Me llevaba montones de libros de la biblioteca y los leía de principio a fin. Me fascinaban las ballenas. Iba a la playa con mi amiga y nadábamos mucho más allá de donde rompían las olas, flotando en tablas de *bodyboard* hasta que nuestra piel se volvía caliente y rosada. Hacía accesorios para mis Barbies en forma de cartas y decoración en miniatura. Creé una revista. Hacía adornos con masa de sal y jugaba con mi perro.

11 Afirmaciones para la imaginación

- Doy la bienvenida a nuevas posibilidades en mi vida.
- Fui hecho para prosperar, no solo para sobrevivir.
- Las oportunidades creativas que me rodean son infinitas.
- Recibo la creatividad en mi vida.
- Abrazo el juego.
- Los detalles prácticos encontrarán la manera de resolverse.
- Protejo un espacio en mi vida para la imaginación.
- Elijo ver el asombro en mi propia vida.
- Estoy abierto a la inspiración.
- Estoy en sintonía con mi niño interior y lleno de posibilidades e ideas.
- Soy capaz de encontrar soluciones innovadoras para cualquier preocupación.

Preguntas sobre la imaginación

- ¿Puedes imaginarte a ti mismo dentro de diez o veinte años? ¿De qué estarías más orgulloso en ese momento de tu vida?
- ¿Qué hacías para jugar cuando eras niño?
- ¿Alguna vez has imaginado una situación soñada para ti que se repita en tu mente?
- ¿Crees que le das espacio a tu imaginación? ¿Por qué sí o por qué no?
- ¿Quién o qué te ayuda a abrazar más la imaginación en tu vida?
- Si pudieras cambiar algo en el mundo y generar un impacto positivo, ¿qué sería?
- Si el dinero no fuera un problema, ¿cómo pasarías tu tiempo?
- Si supieras que no puedes fracasar, ¿qué harías?
- ¿Cuál es una historia, película o canción que te inspira?
- Si pudieras vivir en cualquier lugar, ¿dónde elegirías vivir y por qué?
- ¿Hay algo que siempre hayas querido aprender o experimentar?

Cuando hagas una lista de las cosas que hacías tú, podrías inspirarte a retomar algo que solías amar o encontrar nuevas formas de jugar que te hagan sentir lo mismo ahora. ¿Cómo se siente estar lleno de energía y al mismo tiempo relajado? Intenta transportarte a ese momento y recuperar esos instantes de curiosidad, asombro e imaginación. Nunca eres demasiado viejo para descubrir el juego en tu vida hoy.

Me encanta escuchar maneras en que las personas hacen espacio para el juego. Aquí hay algunas cosas que veo hacer a mis amigos por si buscas ideas para comenzar: jugar pádel, armar sets de LEGO, hacer senderismo, ir a una clase de baile, pintar, hacer cerámica, crear disfraces de Halloween desde cero, hacer jardinería, trabajar la madera, perfeccionar una receta irresistible de galletas con trozos de chocolate, escalar, organizar quedadas de café para amigos y vecinos, hacer salsa picante casera, pintar con acuarelas, observar aves, decorar interiores, ir de compras a tiendas de segunda mano, hacer rompecabezas, organizar noches de juegos de mesa, y unirse a un coro. Al igual que con la imaginación, no hay límites para las posibilidades.

PREGUNTAS CAPITALISTAS

Las preguntas capitalistas colocan las preocupaciones sobre el dinero y la realidad financiera en primer plano. Estas preguntas filtran todos los deseos a través de la lente de las preocupaciones financieras y evalúan la validez, el valor o la importancia de un deseo según cómo encaje o no en términos monetarios. "Me apasiona esta iniciativa creativa pero nunca podría ganarme la vida con esto, así que es una pérdida de tiempo".

Kim era una ingeniera talentosa que había ascendido a un puesto de gerente en su empresa. Nos conocimos cuando hablé en un retiro y ella se acercó a mí en un punto de inflexión de su carrera, decidiendo si continuar con el puesto que ocupaba o aceptar una oferta en una nueva empresa. Me dijo que tenía tendencia a ignorar sus deseos debido a preocupaciones financieras. "Me pregunto a mí misma si estoy dispuesta a aceptar una reducción del 50 por ciento en mi salario para hacer algo que quiero. Si no, no le presto atención a ese deseo y lo dejo de lado". Las razones financieras de Kim para rechazar sus deseos reflejaban algo que muchos de nosotros también experimentamos. Con la realidad apremiante de facturas que pagar y bocas que alimentar, podemos sentir que nuestras únicas opciones son prestar atención a nuestros deseos o tener una situación financiera sostenible. No nos han enseñado a reevaluar si podríamos estar actuando bajo una falsa dicotomía.

Es difícil hacer espacio para nuestros deseos en la realidad capitalista en la que vivimos. Sentirnos abrumados por las finanzas no es solo un problema individual o una falta de carácter personal. Hemos heredado un sistema quebrado que está construido sobre la inequidad, y nos encontramos teniendo que averiguar cómo abrirnos paso en esta realidad. Soy hija de una mamá inmigrante que me enseñó cómo funcionaba una tarjeta de crédito cuando estaba en la escuela primaria, así que nunca te diré que manejes tus finanzas de manera irresponsable o al azar. No estoy diciendo que las limitaciones financieras no sean reales, pero sí digo que podemos encontrar una manera de interactuar con nuestros deseos sin que las preguntas capitalistas cierren automáticamente una conversación que ni siquiera ha tenido la oportunidad de comenzar. Aprender a gestionar las preguntas capitalistas con reflexión les da a nuestros deseos la oportunidad de expresarse.

Ejemplos de preguntas capitalistas:
¿Estoy dispuesto a quedarme sin dinero por este deseo? Si no, entonces no importa.
¿Este deseo me permitirá pagar mis facturas? Si no, entonces lo ignoro.
¿Cómo se relaciona este deseo con las consideraciones financieras?
¿Veo actualmente una manera de poder permitírmelo?
¿Proporciona este deseo algún beneficio monetario?

Ver tus deseos principalmente a través de la lente de tus finanzas desde el principio hará que sea mucho más difícil escuchar lo que tus deseos tienen que decir. Veo un par de problemas cuando las preguntas capitalistas están en primer plano. En primer lugar, como ser humano, eres más que lo que te pagan por hacer, y aunque tengas deseos que nunca te generarán una sola moneda, eso no significa automáticamente que esos deseos no sean importantes. Bajo el capitalismo, lo que te pagan por hacer a menudo se considera lo más importante, como si un número en un recibo de pago pudiera resumir el valor de una persona; sin embargo, hay maneras de prosperar que no tienen nada que ver con billetes y monedas. Tu valor inherente como persona no es lo mismo que lo que ganas, y tus deseos merecen ser escuchados.

En segundo lugar, cuando descartas tus deseos porque no parecen asequibles, podrías estar restándole valor al proceso. Algunas cosas estarán fuera de tu alcance financieramente hablando, pero en otros casos hay medios creativos que aún no hemos descubierto. Puede ser útil replantearnos nuestras suposiciones sobre lo que funciona y lo que no.

He aprendido a apreciar el poder de la expresión *tal vez* y su capacidad de mantener la puerta de la posibilidad entreabierta. *Tal vez* nos ayuda a aprender a manejar la tensión entre lo que queremos y lo que es posible para que podamos dar a nuestros deseos más oportunidad de decir lo que tienen que decir. Frente a las preguntas capitalistas, *tal vez* puede ser una expresión hermosa que lleva una expectativa esperanzadora y te permite permanecer abierto a la posibilidad de abundancia.

Cuando te encuentres luchando por no dejar que las finanzas cancelen automáticamente tus deseos, intenta jugar al *juego del tal vez*. Financieramente no es una opción; o tal vez sí. El mercado es demasiado difícil: o tal vez puedas iniciar un negocio exitoso incluso en este mercado. Nunca podrás permitirte unas vacaciones; o tal vez encuentres una manera creativa de hacer que suceda. Tendrás que aguantar y aceptar una reducción salarial significativa para hacer un cambio lateral; o tal vez encuentres algo que se ajuste mejor y que además pague bien. Tu empresa no tiene fondos para un aumento; o tal vez sí los tenga. Tal vez haya opciones que aún no conoces. Tal vez encuentres la excepción a la regla. Tal vez descubras la aguja en el pajar. Alguien lo hará, ¿por qué no tú? Tal vez financieramente no sea sostenible *y tal vez* haya más abundancia de la que creemos.

Por último, incluso si algo no es financieramente viable, aún vale la pena investigar sobre lo que hay debajo de ese deseo. Si unas vacaciones superlujosas en un resort cinco estrellas no son posibles aunque lo desees desesperadamente, ¿cuál es el deseo detrás del deseo? Tal vez sea un deseo de descanso. Tal vez sea un deseo de belleza. Tal vez sea un deseo de conexión con personas que amas. Si puedes identificar el deseo dentro del deseo, podría haber otras maneras viables y más accesibles de hacer lo que realmente quieres, incluso si no tienes el presupuesto lujoso para una forma específica de ese deseo.

En lugar de preguntas capitalistas, hazte preguntas de curiosidad.

Las preguntas de curiosidad te permiten desafiar las suposiciones que las preguntas capitalistas suelen hacer. La curiosidad nos dice que cualquier suposición que tengamos acerca de razones económicas para rechazar nuestros deseos no es más que eso. Son suposiciones. Y, por definición, las suposiciones pueden resultar ser erróneas igual que pueden demostrar ser correctas. ¿Puedes iniciar un negocio cuando has sobrepasado los cuarenta años de edad después de haber pasado toda tu carrera profesional en la misma organización sin ánimo de lucro? Mis suposiciones (sin mencionar las de otras personas) me decían que no. ¿Qué importaba si quería dirigir mi propio negocio si nunca sería financieramente viable? Ahora puedo decir felizmente que esas suposiciones eran falsas, pero en ese momento yo no lo sabía y viví con esa pregunta durante los primeros años mientras construía mi negocio.

La curiosidad evita que digamos no a nuestros deseos cuando el universo podría haber querido decir sí. Nos permite hacer espacio para nuestros deseos, incluso frente a realidades financieras inflexibles. Uno de mis clientes describió esta tensión perfectamente cuando identificó un fuerte deseo de perseguir una pasión creativa, pero aún no sabía si eso sería financieramente viable, en especial con la responsabilidad de cuidar a una familia joven. En la lucha, encontraron una postura de curiosidad que permitió que ese deseo creciera mientras esperaban ver los resultados financieros: "No estoy poniendo demasiadas esperanzas en que este deseo genere ingresos. Quiero intentar caminar en la delgada línea entre no cortarme de pensar que podría suceder y tampoco suponer que tiene que hacerlo para que sea importante". Esta es una manera perfecta de describir lo que puede ser saber que las preocupaciones financieras son reales, pero que tampoco tienen que tomar el control obligatoriamente. Si más de nosotros aprendiéramos a hacer esto, creo que experimentaríamos mucha más vida y un impulso positivo con las cosas que queremos.

A la curiosidad le gusta decir: "Veamos", "Me pregunto", y ya sabes cuál es mi favorita personal: "Tal vez". Practicar la curiosidad nos permite albergar nuestras suposiciones negativas y las preguntas capitalistas de manera que también haya espacio para que nuestros deseos crezcan.

Afirmaciones para la curiosidad

- Soy capaz de superar obstáculos financieros.
- Recibo las oportunidades de experimentar abundancia.
- Mantengo mis deseos con curiosidad acerca de cómo se cumplirán.
- Estoy abierto a las posibilidades.
- Espero con ilusión ver cómo serán satisfechas mis necesidades.
- Mis contribuciones son valiosas.
- Uso mis recursos con generosidad para cuidar de otros.
- Estoy agradecido por las cosas buenas que llegan a mi camino.
- Cultivo una mentalidad positiva con el dinero.
- Mis necesidades serán satisfechas de maneras inesperadas.
- Recibiré provisión de maneras que todavía tengo que ver.

Preguntas sobre la curiosidad

- ¿Qué inspira la curiosidad en ti?
- ¿Qué te ayuda a explorar cómo podrían ser posibles cosas financieramente hablando?
- ¿Y tus suposiciones acerca de lo que es factible o no financieramente?
- ¿De dónde provienen tus suposiciones acerca de las finanzas?
- ¿Qué puedes hacer para tener suposiciones limitantes con más ligereza?
- ¿Quién o qué te ayuda a fomentar la curiosidad sobre posibles obstáculos financieros para ti?
- ¿En qué ocasión experimentaste generosidad por medio de recibirla?
- ¿En qué ocasión experimentaste generosidad por medio de ofrecerla?
- ¿En qué ocasión experimentaste limitaciones financieras como una oportunidad para ser innovador e ingenioso?
- ¿Qué clase de perspectiva te gustaría tener acerca de las preocupaciones financieras?
- ¿Qué historias de abundancia sorprendente son importantes para ti?

PREGUNTAS DE PERMISO

Cuando crees que no se te permite desear lo que deseas, generalmente las culpables son las preguntas de permiso. Te dicen que no tienes permitido tener los deseos que tienes, ya sea esa falta de permiso implícita o explícita, real o percibida, proveniente de otros o de ti mismo. Estas preguntas te hacen sentir que existen listas oficiales de cosas que está bien desear y cosas que no está bien desear.

Si tienes muchas preguntas de permiso, es posible que asocies a una figura de autoridad específica, un miembro de la familia u otra persona con la falta de permiso que sientes. Tal vez te des cuenta de que imaginas a esa persona (o grupo de personas) como un portavoz imaginario. A veces es más que solo una imaginación y recuerdas declaraciones reales y conversaciones en las que se te dijo que tus deseos no eran aceptables: "Mi papá siempre decía que esto era frívolo, y escucho su voz cuando pienso en ello". Otras veces, las preguntas de permiso pueden presentarse como una sensación no especificada de que lo que deseas no está permitido. Todo esto puede hacer que pensar en tus deseos parezca inseguro o provoque ansiedad. Esto es especialmente cierto si sientes que admitir que deseas algo de la lista de lo no permitido pondrá en peligro tus relaciones con las personas. Somos criaturas orientadas a las relaciones, y desde un punto de vista evolutivo, la supervivencia dependía de estar conectados con los demás. Tiene sentido que nuestros cerebros hayan sido entrenados para temer ser excluidos y para escanear los riesgos de aceptación social.

Ejemplos de preguntas de permiso:
¿Tengo permiso para desear esto? ¿*De verdad* está bien?
¿Qué diría [insertar persona cuya opinión te importe] sobre esto?
¿Seré juzgado o avergonzado si soy sincero con respecto a lo que quiero?
¿Quién se enojará o se molestará si digo que esto es lo que quiero? ¿Cuál sería su respuesta?
¿Soy egoísta, avaricioso o frívolo por desear esto en primer lugar?

Si la respuesta a alguna de estas preguntas te hace sentir que no tienes permiso para desear lo que deseas, entonces suprimirás tus deseos. Con el tiempo, reprimir tus deseos se convierte en un hábito arraigado, por lo que es mucho más difícil escuchar lo que tus deseos quieren decir.

Cuando Sara y yo charlamos, hablamos de un ejemplo cotidiano pero simbólico de esto en su vida. Me contó sobre las cortinas desgastadas de su sala que estaban rotas por el paso del tiempo y el uso. Odiaba verlas así día tras día, pero tampoco sentía que estuviera bien querer reemplazarlas. Cuando intentó identificar de dónde venía esta incomodidad, reconoció que había interiorizado el valor de la frugalidad tan arraigado en su familia, común entre aquellos de nosotros que crecimos en familias inmigrantes. Luchaba con lo que significaría para ese valor si gastaba dinero en algo como un nuevo juego de cortinas. Cada vez que veía las cortinas, lo pensaba y se sentía culpable cuando se daba cuenta del deseo que tenía de reemplazarlas. Le resultaba difícil saber qué hacer con esa fuerte voz interior que le decía que lo que quería era inaceptable, pero si era sincera, anhelaba iluminar la habitación y hacerla un espacio más hermoso y acogedor. Hasta el simple hecho de admitir este deseo de belleza fue una nueva manera de visualizar su deseo en lugar de simplemente decirse a sí misma que era trivial.

Este ejemplo resalta cuán confuso puede ser identificar las preguntas de permiso. Es especialmente complicado cuando estas preguntas también se cruzan con valores familiares y culturales. Puede parecer una situación de todo o nada, como si solo hubiera dos opciones: honro los valores de mis padres y no consigo las cortinas que quiero, o consigo las cortinas y decepciono a las personas que me importan. Un escenario en el que honramos nuestros valores culturales a la vez que tenemos algo más hermoso y funcional no parece posible. La historia de Sara resalta cómo algo tan sencillo como reemplazar las cortinas puede sacar a la luz barreras internas y sentimientos acerca del permiso. Como la mayoría de los aspectos de la vida, nuestros deseos están conectados con otras partes de nosotros y, a menudo, significan más de lo que creemos. Se trata de las cortinas y a la vez no tiene nada que ver con las cortinas.

El problema con las preguntas de permiso es que ponen el epicentro de control fuera de ti mismo. Las preguntas de permiso colocan las opiniones de los demás por encima de las tuyas. A veces esto sucede en tu propia cabeza cuando no te das permiso a ti mismo, incluso si nadie más te lo está negando realmente. Cuando esto sucede, tu capacidad de escuchar tus deseos sufre un golpe que es difícil de superar. Si crees que debes esperar que otros te den permiso para desear lo que deseas, dudarás en tomar en serio tus deseos. Podrías pasarte la vida esperando permisos que tal vez nunca lleguen.

En lugar de preguntas de permiso, hazte preguntas de voluntad.

Hacer preguntas que se enfoquen en la voluntad en lugar de enfocarse en el permiso te ayuda a concentrarte en la verdad de que nadie vive tu vida por ti. Tú eres quien tiene que vivir con las decisiones que tomas, independientemente de lo mucho que ames, admires o temas a alguien. La voluntad no es lo mismo que el individualismo, que destaca a los individuos en aislamiento e ignora lo colectivo. Sin embargo, cuando aceptas tu sentido de voluntad, sabes que hay una parte central de vivir tu vida que es para ti y solo para ti.

Solo tú puedes saber lo que tus deseos están diciendo realmente. Solo tú sabes cómo se siente la alegría en tu cuerpo y tu alma. Solo tú puedes decir lo que te prende de manera única. Y, por otro lado, solo tú experimentarás el dolor de hacerte pequeño o esconder tu yo auténtico. Uno de los remordimientos más comunes de los moribundos es no haber tenido la valentía de vivir siendo fiel a uno mismo en lugar de serlo a las expectativas de los demás.[4] Es profundamente triste y aleccionador pensar en llegar al final de nuestras vidas y sentir un profundo arrepentimiento por cómo vivimos, atados a las opiniones de otros, pero vale la pena pensarlo mientras todavía tengamos tiempo para hacer algo al respecto. Cuando llegues al final de tu vida, solo tú podrás juzgar si viviste acorde a tu verdadero yo. La voluntad te invita amablemente pero con firmeza a no olvidar estas realidades.

Estar en contacto con tu voluntad también te ayuda a encontrar maneras creativas y de conexión para acercarte a tus deseos. Para Sara, al considerar el estancamiento con las cortinas del salón, la voluntad le dio espacio para prestar atención a su deseo y no rechazarlo automáticamente con preguntas de permiso. Notó que tendía a ser, en sus palabras, "práctica y frugal en exceso", lo que le dificultaba elegir cosas por alegría, belleza o placer. Llegó a ver la elección de reemplazar las cortinas como una manera de practicar el amor y el respeto hacia sí misma, mientras también mantenía el valor de usar bien el dinero, pero con más matices. Esa decisión se convirtió en una invitación a hacer espacio para honrarse a sí misma y a su deseo.

Alrededor de seis meses después de nuestra conversación inicial, vi a Sara nuevamente en el internet durante un taller virtual. Como estábamos en una videollamada, no pude evitar fijarme en la ventana detrás de ella para mirar las cortinas. Una gran sonrisa se dibujó en mi rostro cuando me di cuenta de que el viejo juego había desaparecido y una nueva y hermosa cortina colgaba en su lugar. Le envié un mensaje por chat: "¡Qué bueno verte de nuevo, y me encantan las nuevas cortinas!". Lo repito, nunca se trató solo de las cortinas.

Necesitamos a los demás; pero no vivimos nuestras vidas a través de votaciones populares, y no es egoísta recordar esto. Por mucho que ame a las personas que me rodean y su apoyo, perspectiva y corrección sean invaluables para mí, ellos nunca podrán hacer todo lo que yo necesito hacer para vivir siendo fiel a mi verdadero yo. Ningún compañero, mentor, amigo, líder, terapeuta o miembro de la familia puede hacerlo, independientemente de lo mucho que te amen. La voluntad te permite apropiarte de tus deseos y tu viaje como solo tú puedes hacerlo.

Afirmaciones para la voluntad

- Me permito ser fiel a quien soy.
- Me doy permiso para escuchar mi guía interior y seguirla.
- Soy sabio.
- Dejo atrás los juicios y las críticas de los demás.
- Soy amado, tenga o no la aprobación de los demás.
- Tengo derecho a ocupar espacio en mi propia vida.
- Tengo el poder de tomar mis propias decisiones.
- No necesito el permiso de nadie para actuar.
- Soy capaz de discernir mi camino, que es único.
- Mis necesidades y deseos son importantes.
- Soy libre para crear la vida que estoy destinado a vivir.

Afirmaciones para la voluntad

- ¿Qué pequeñas acciones puedes tomar para conectar con un sentido de voluntad en tu vida?
- ¿Quién o qué te ayuda a abrazar la voluntad en tu vida?
- ¿Qué dificulta tu capacidad de abrazar la voluntad en tu vida? ¿Hay cosas que puedas dejar atrás?
- ¿En qué área de tu vida sientes actualmente un mayor grado de voluntad?
- ¿En qué área de tu vida sientes actualmente un menor grado de voluntad?
- ¿Cuándo fue una ocasión en la que experimentaste remordimiento, y qué aprendiste de ello?
- ¿Cuáles son señales de que te sientes conectado con tu voluntad?
- ¿Cuáles son señales de que te sientes desconectado de tu voluntad?
- ¿Qué palabras, temas o pensamientos te motivan más a conectar con tu sentido de voluntad?
- ¿Qué significa para ti vivir sin remordimiento?
- ¿Al mirar adelante, ¿cómo crees que el sentido de voluntad te ayudará en tu camino?

Aprender a reconocer las preguntas sobre competencia, pragmatismo, capitalismo y permiso y verlas como realmente son es un paso importante para hacer espacio a tus deseos. Una vez que desarrollas esa habilidad, estás en una buena posición para enfocarte en interactuar con las preguntas primarias que más te ayudarán a saber lo que quieres.

EL CAMINO DE LA ALINEACIÓN AUTÉNTICA

El núcleo del camino que usaremos juntos está compuesto por preguntas primarias. Nos enseña cómo formularlas y se centra en cuatro preguntas primarias específicas. Se llama el camino de la alineación auténtica, y cada una de sus cuatro etapas se enfoca en una pregunta primaria central diferente. Al recorrer este camino, te ayudará a descubrir cuáles son tus deseos, cómo vivirlos, y cómo alinearte con tu yo auténtico.

Desarrollé este camino escuchando las historias individuales de mis clientes y luego tomando distancia para analizar ese conjunto de experiencias en busca de temas, principios, patrones y mejores prácticas. Al hacerlo, encontré hilos conductores entre historias que parecían dispares. Descubrí que las experiencias reales dieron lugar a principios y prácticas que, a su vez, ayudaron a más personas a prosperar en su vida diaria. Las personas con las que he trabajado provienen de una amplia variedad de contextos (educación, derecho, medicina, finanzas, liderazgo en organizaciones sin fines de lucro, gobierno, academia, ciencia, negocios, comunidades locales, e incluso una persona que era modelo profesional y científico de datos). Representan una diversidad de experiencias humanas y un espectro de creencias y trasfondos culturales.

Después de aprender de estas conversaciones e identificar los patrones en ellas, probé una y otra vez este camino en el contexto de experiencias reales. Cada persona a la que he tenido el honor de guiar en este proceso me ha enseñado algo, y ese aprendizaje es lo que ahora te ofrezco.

El camino de la alineación auténtica		
Etapa	*Nombre*	*Pregunta primaria central*
1	Calibración	¿Qué te hace sentir vivo?
2	Expansión	¿Cómo puedes despertar tu imaginación y enfocarla en las posibilidades?
3	Experimentación	¿Cómo puedes convertir la curiosidad en claridad?
4	Integración	¿En qué te sientes invitado a ejercer voluntad con respecto a tus deseos?

ETAPA UNO: CALIBRACIÓN

¿QUÉ TE HACE SENTIR VIVO?

En la primera etapa, la pregunta central se enfoca en lo que te hace sentir vivo y, en contrapartida, en lo que no lo hace. La etapa de calibración te ayuda a desarrollar consciencia sobre quién eres explorando tu trayectoria a través de experiencias clave llamadas *experiencias destacables* y *experiencias de contraste*. Hablaremos de qué son estas experiencias, cómo identificarlas, y cómo extraer de ellas información útil. Esta etapa te ayuda a centrarte en tus fortalezas, talentos y genialidad única, para que puedas potenciarlos aún más. También te ayuda a construir un perfil personalizado de lo que significa prosperar y sentirte vivo en tu propia vida, para que puedas calibrar el resto del proceso de acuerdo con aquello que es especialmente importante para ti.

ETAPA DOS: EXPANSIÓN

¿CÓMO PUEDES DESPERTAR TU IMAGINACIÓN Y ENFOCARLA EN LAS POSIBILIDADES?

En la segunda etapa, la pregunta central trata sobre cómo ampliar tu imaginación para sacarle el máximo partido. Esta etapa te invita a considerar un enfoque expansivo hacia lo que deseas y hacerlo de manera sincera y auténtica. Te ayuda a prestar atención a las posibilidades que generan inspiración cuando piensas en lo que realmente quieres y en lo que imaginas como una vida plena. La expansión se basa en la consciencia de uno mismo de la calibración para permitirte ver las oportunidades con creatividad e imaginación. Te ayuda a comenzar a responder a la pregunta de qué podría tener la vida preparado para ti y a hacerte camino por la incertidumbre con valentía para vivir con una imaginación sana en tu vida.

ETAPA TRES: EXPERIMENTACIÓN

¿CÓMO PUEDES CONVERTIR LA CURIOSIDAD EN CLARIDAD?

En la tercera etapa, la pregunta central se enfoca en cómo experimentar con la curiosidad para conducirte a la claridad. En esta etapa, aprendes que la claridad no es algo que simplemente llega, sino algo que puedes crear por ti mismo. A través de un proceso iluminador, pero alcanzable, de experimentación, construyes una comprensión desde una perspectiva vivencial sobre qué deseos realmente encajan contigo. La etapa de experimentación te ayuda a diseñar el proceso, las preguntas y los pasos concretos que te acercarán a obtener claridad sobre lo que realmente quieres.

ETAPA CUATRO: INTEGRACIÓN
¿EN QUÉ TE SIENTES INVITADO A EJERCER VOLUNTAD CON RESPECTO A TUS DESEOS?

En la cuarta etapa, la pregunta central trata sobre cómo ejercer voluntad con tus deseos. Cuando puedes responder bien esta pregunta, comprendes cómo hacer realidad tus deseos encontrando invitaciones a ejercer voluntad sin necesidad de controlar todos los resultados. Esto es vital, porque este proceso no se trata solo de saber lo que quieres sino también de encontrar las maneras mejores y más auténticas de actuar según esos deseos. Esta etapa te enseña a ser flexible y receptivo en el proceso de dar vida a tus deseos. La integración se enfoca en el arte de entrelazar lo que quieres con los resultados reales de la vida y en aprender a gestionar la belleza y complejidad de esta etapa crucial. Te enseña a abrazar un sentido de voluntad dentro de las realidades que enfrentamos cuando intentamos vivir en mayor alineación con lo que queremos.

En cada etapa exploraremos una pregunta primaria central y hablaremos de por qué es importante. También analizaremos el aspecto práctico de responder esa pregunta dentro del contexto de tu vida, incluyendo pasos específicos para descubrir información personal significativa. Como su nombre indica, el camino de la alineación auténtica no es un proceso único para todos, sino que debe adaptarse a tu verdadero yo y a la forma única en que eso se expresará. Cada etapa del camino trabaja en conjunto con las demás para ayudarte a crear claridad y avanzar con respecto a tus deseos.

VE A TU PROPIO RITMO

Cuando caminas por un sendero, no avanzas al mismo ritmo que todas las demás personas que están allí ese día. Inevitablemente, hay quienes van más rápido o más lento que tú. Ajustas tu paso dejando pasar a quienes van más rápido o adelantando a quienes van más despacio. Disfrutarás más la experiencia si te concentras en el ritmo que es adecuado para ti.

Lo mismo sucede al aprender a dar pasos hacia la claridad y encontrar tu camino a través de las preguntas primarias y secundarias en tu vida. Tu proceso es único, y la velocidad con la que obtienes claridad será diferente a la de otras personas. He visto a quienes avanzan por las etapas rápidamente y encuentran claridad en un periodo breve de tiempo. También he visto a quienes llevan un ritmo más lento y constante, por lo que necesitan más tiempo para que las respuestas vayan surgiendo. Yo mismo pertenezco a este segundo grupo, ya que sentí que me tomó más tiempo recorrer el camino hacia la claridad y la alineación más adecuados para mí.

Por lo tanto, mantén abiertas las expectativas sobre tu proceso, y recuerda que lo importante es avanzar en el camino, no hacerlo a una velocidad específica. Podemos controlar los pasos que damos hacia la alineación, pero el momento en que todo se acomoda sigue siendo un misterio. El tiempo perfecto es el ritmo que sea adecuado para ti. Mientras tanto, sé curioso con tus preguntas, sé amable contigo mismo, y sigue adelante con la confianza de que cada paso constante hará que el resto del camino sea más claro.

REFLEXIONA

ESTACIONAMIENTO DE PREGUNTAS

El poeta Rainer Maria Rilke escribió: "Sé paciente con todo lo que no está resuelto en tu corazón y trata de amar las preguntas en sí mismas, como habitaciones cerradas y como libros escritos en un idioma que ahora te resulta muy extraño".[5] Amar las preguntas en sí mismas nos enseña a ser personas abiertas a nuestros propios deseos, tanto en lo que sabemos que queremos como en lo que aún no. Crear un "estacionamiento de preguntas" te ayuda a reconocer las preguntas que te haces, tanto primarias como secundarias, y te da un lugar donde dejarlas mientras tanto. Esto te permite distanciarte de aquellas preguntas que no son útiles, evitando que su caos interfiera en tu capacidad de escuchar tus propios deseos. Dejarlas en el estacionamiento te da la opción de regresar a ellas cuando sean útiles en lugar de disruptivas, y eso te da más espacio para interactuar con las preguntas primarias en tu vida.

PASO UNO: ESPECIFICA TUS PREGUNTAS

El primer paso es hacer una descarga mental de todas las preguntas que tienes cuando piensas en lo que quieres. Escribe las preguntas que pasan por tu mente y cómo te hacen sentir. Puedes revisar las cuatro categorías de preguntas (de competencia, pragmáticas, capitalistas y de permiso) para darte algunas ideas que generen tu reflexión. Recuerda que siempre puedes modificar o añadir preguntas a esta lista, así que no te preocupes por hacerlo "perfecto" ni analices en exceso lo que escribes. Como todos los ejercicios de reflexión, este es dinámico y puedes cambiarlo tanto como necesites.

PASO DOS: IDENTIFICA DÓNDE ESTÁS

Toma un momento para fijarte en cómo te sientes al ver tus preguntas en forma escrita. Algunas personas sienten alivio al darles a esas preguntas un lugar fuera de su mente, como si una parte del peso se les quitara de los hombros. Para otras, el proceso puede crear la reacción opuesta. ¿Cómo te sientes al ver las preguntas que has anotado? ¿Te sientes aliviado, agobiado, o algo diferente?

También observa qué tipo de preguntas tienes. ¿Qué tipo(s) de preguntas son en su mayoría? ¿Son principalmente primarias o secundarias? Si son secundarias, ¿a qué categoría pertenecen? Si notas que algunas preguntas no encajan en ninguna categoría, anótalas también.

PASO TRES: ESTACIONA LAS PREGUNTAS DE FORMA SIMBÓLICA

Por último, suelta tus preguntas. Es posible que el simple acto de escribirlas sea suficiente para liberar esas preguntas, al menos por ahora. Algunas personas encuentran útil realizar un pequeño ritual como marcador externo de este cambio interno. Por ejemplo, podrías doblar la hoja para cubrir las preguntas temporalmente como símbolo de tu intención de soltarlas para poder prestar más atención a lo que realmente deseas. También puedes compartir las preguntas con otra persona como una manera de procesarlas.

Para terminar este ejercicio, haz algunas respiraciones profundas y purificadoras. Al inhalar, absorbes oxígeno para tus deseos, espacio para ti mismo, y cualquier otra cosa que necesites. Al exhalar sueltas miedo, autocrítica, ansiedad, y cualquier otra cosa que necesites soltar. Deja que esto sea un acto de confianza en lo que está por llegar.

Es poco probable que todas tus preguntas desaparezcan de inmediato. Eso no significa que hayas fracasado. Simplemente indica que son una parte natural del proceso en el que estás. Puedes regresar a este ejercicio cada vez que surjan nuevas preguntas o necesites un recordatorio para no dejar que las preguntas secundarias tomen el control.

ESTACIONAMIENTO DE PREGUNTAS

Escribe todas las preguntas que te vienen a la mente cuando te preguntas qué es aquello que realmente deseas.

¿Qué sientes al ver tus preguntas por escrito?

¿La mayoría de tus preguntas son primarias o secundarias? Si son secundarias, ¿de qué tipo (competencia, pragmáticas, capitalistas o de permiso)?

¿Cómo vas a soltar tus preguntas secundarias por ahora?

PARTE 2

EL CAMINO DE LA ALINEACIÓN AUTÉNTICA

4

PRIMER PASO: CALIBRACIÓN

LO QUE TE HACE SENTIR VIVO, EXPERIENCIAS DESTACABLES, Y TU BRÚJULA INTERIOR ÚNICA

Rut estaba en un punto de inflexión en su carrera profesional, y cuando nos reunimos telefónicamente para nuestra primera sesión de *coaching,* inclinó la cámara de video hacia la pared detrás de su escritorio para mostrarme varias hojas grandes de papel llenas de pensamientos y preguntas que surgieron mientras intentaba definir lo que quería para la siguiente etapa de su vida. Era un trabajo impresionantemente detallado, pero comprensiblemente abrumador, porque era demasiado para manejarlo todo a la vez. Juntas analizamos las preguntas que habían estado rondando su mente e identificamos las preguntas secundarias que podían dejarse de lado por el momento, dándose así espacio para centrarse en las preguntas primarias. Rut estaba lista para comenzar a trabajar en el camino de la alineación auténtica y empezar por la primera etapa: calibración.

En la calibración, la pregunta primaria es esta: ¿qué te hace sentir vivo? Esta etapa consiste en aprender a identificar y entender la sensación de estar vivo, porque cuando prestas atención a lo que significa la vitalidad en tu vida, eres capaz de crear más de ella en el futuro. El hecho de que esta pregunta sea la primera en el proceso es importante. Comenzar con la cuestión de la vitalidad garantiza que el resto del proceso y las etapas siguientes se centren en la intención principal de crear alineación en tu vida, teniendo esto en cuenta desde el inicio.

A veces, cuando las personas batallan para saber lo que quieren es porque se han desconectado de una sensación personal y alineada de sí mismas. No saben realmente lo que desean porque no saben mucho sobre quién son en realidad. Comenzar con la calibración evita que abordemos el proceso de una manera que, en última instancia, no estará alineada con quiénes somos. Se trata de enfocarnos en lo que sería la plenitud en tu propia vida, no en un modelo genérico. Asegura que el resto del camino esté centrado en lo que encaja contigo.

Conocí por primera vez la idea de la vitalidad a través del teólogo y líder de los derechos civiles Howard Thurman. Una de sus citas más conocidas y apreciadas es una invitación hermosa y poderosa a aprender a sentirnos vivos: "No preguntes qué necesita el mundo. Pregunta qué te hace sentir vivo y hazlo, porque lo que el mundo necesita es gente que haya cobrado vida".[1] Sus palabras son citadas y compartidas con frecuencia porque capturan un anhelo profundo que muchos de nosotros sentimos: el deseo de vivir una vida vibrante y la esperanza de que nuestra vitalidad pueda marcar una diferencia en el mundo. Él nos ofrece una visión inspiradora de cómo nuestro bienestar y nuestro impacto pueden estar conectados, y nos señala la esperanza de que tal vez nuestras vidas contengan algunas de las respuestas a las preguntas que el mundo se plantea.

Las famosas palabras de Thurman me inspiran cada vez que las leo; sin embargo, su propósito no es solo sonar elocuente. Sus palabras tienen el poder de impulsarnos a vivir en la vitalidad de la que habla y a recordar que, cuando lo hacemos, su magia es transformadora.

Poco después de que terminara mi experimento de cuarenta días, decidí certificarme como *coach*. Para completar la formación, si quería obtener el documento oficial que acreditaba mi certificación necesitaba trabajar con personas reales que me evaluaran. Debido a un malentendido accidental por mi parte, terminé con siete veces más voluntarios de los que necesitaba para esa parte del proceso. Solo requería cinco personas, pero encontré treinta y cinco voluntarios dispuestos a ayudarme participando en sesiones de *coaching* gratuitas.

En lugar de rechazar a algunas personas, decidí reunirme con todas. Como alguien que siempre busca experiencias de aprendizaje valiosas, no podía evitar sentir curiosidad por descubrir qué aprendería al hablar con tantas personas como fuera posible. Algunos días tuve cinco o seis sesiones seguidas, y mis temores de que fuera una pérdida de tiempo desaparecieron rápidamente cuando me di cuenta de lo mucho que lo disfrutaba. Las conversaciones de *coaching* me resultaban tan estimulantes que, antes y después de las llamadas, me encontraba bailando por los pasillos de mi casa, como si mi cuerpo necesitara expresar de alguna forma la alegría que sentía. Un día, mi esposo llegó del trabajo y me preguntó cómo había estado mi día. Cuando le conté que había tenido cinco sesiones seguidas comencé a bailar nuevamente. Después del desánimo por el rechazo del puesto de vicepresidencia, sentía más energía de la que había tenido en meses, como si una parte de mí que llevaba tiempo dormida estuviera regresando a la vida.

Esta experiencia fue una clase magistral sobre la vitalidad. Me ayudó a comprender cómo es realmente este concepto tan atractivo cuando se vive en la práctica. Una cosa es leer palabras sobre lo que significa cobrar vida, sentirse conmovido por ellas o admirar a quienes lo encarnan, pero ese momento me enseñó cómo se ve y se siente la vitalidad en mi propia vida desde una experiencia propia. También aprendí a identificar las condiciones que formaban parte de crear esa experiencia en mi vida, y que conectar con las personas de esta manera me hacía sentir que estaba mostrando mi yo más auténtico y vivo. Descubrí un deseo profundo y una pasión por ayudar a las personas a comprender sus historias y abrazar su capacidad para el bien, la creatividad y el liderazgo; algo que también me hace querer bailar por los pasillos un miércoles cualquiera. Estaba ansiosa por ver si esto podía ser algo más que un evento puntual y por probar cómo podría usarlo como modelo para buscar alegría en el futuro. Howard Thurman me enseñó a valorar la vitalidad. Mi vida y mis deseos me enseñaron cómo perseguirla.

Ahora tengo el increíble privilegio de ayudar a las personas a descubrir sus propias historias de vitalidad. Es mágico observar cómo las personas describen su versión personal de bailar en los pasillos y los momentos en que se sienten más vivas. Escuchar estas experiencias es, sin duda, una de mis partes favoritas de este trabajo.

¿Alguna vez te has fijado en cómo cambian las personas cuando hablan de lo que les hace sentir vivos? Su lenguaje corporal se vuelve más expresivo. Su rostro se ilumina. Literalmente parecen estar más vivos. Usan palabras como *divertido, estimulante* y *gratificante*. Cuando escuchas a alguien hablar de uno de estos momentos, la energía a su alrededor cambia. Cuando la vitalidad aparece en nuestra vida, es algo visceral y sagrado.

Entonces, ¿qué es la vitalidad y qué no es? ¿Cómo la definimos? En la naturaleza, cuando algo está vivo, se nutre y se alimenta desde dentro, y el crecimiento ocurre de adentro hacia afuera. De manera similar para nosotros, estar vivos es vivir con una sensación interna de bienestar auténtico que se manifiesta de manera vibrante y fructífera. La vitalidad ocurre cuando estamos alineados con nuestro verdadero yo, con los demás, con los valores que más nos importan, y con lo divino. La vitalidad no puede existir de manera separada del cuerpo; debe existir en la realidad vivida y tangible de quienes somos. Surge de la experiencia de descubrir que estamos destinados a florecer y convertirnos en la esencia del tipo de personas que el mundo más necesita.

LA VITALIDAD ES MÁS QUE EL DESEMPEÑO

La mayoría de nosotros agrupamos todo lo que hacemos bien en una sola categoría en nuestra mente. Tendemos a no diferenciar entre lo que somos capaces de hacer y lo que realmente nos hace sentir vivos. Llamamos a todo eso "nuestras fortalezas"; sin embargo, el desempeño y la vitalidad son cosas diferentes. Si técnicamente haces algo bien pero te agota o lo detestas, eso no es vitalidad. Las habilidades que tienes para desempeñarte, tener éxito o lograr resultados son útiles, pero no deberían confundirse con lo que realmente te llena. Si haces algo bien, pero te drena, es una competencia, pero no vitalidad. Puede ser tentador centrarse únicamente en las competencias porque suelen ir acompañadas de validación externa, pero es importante tener claro la diferencia entre una simple competencia y la verdadera vitalidad. La vitalidad surge cuando hacemos algo bien y al mismo tiempo nos llena profundamente. A la mayoría nos beneficiaría ser más específicos en el modo de hablar de nuestras fortalezas y diferenciar la vitalidad del desempeño.

Jason estaba comenzando a identificar esta diferencia en su vida. Por algún tiempo había estado confundido con respecto a su experiencia al dirigir reuniones del equipo. Valoraba esas reuniones porque sabía que eran estratégicas. La gente le daba comentarios positivos y sinceros sobre la forma en que las dirigía; pero, en su interior, Jason sentía que liderar esas reuniones le quitaba mucha energía, cosa que no le sucedía con otras partes de su trabajo. Era una habilidad y una competencia importante, pero no estaba conectada con su vitalidad. Poder hacer esa distinción ayudó a Jason a identificar qué le hacía sentir vivo y qué no, incluso cuando los demás elogiaban el gran trabajo que hacía.

La vitalidad solo debería estar reservada para los momentos en los que hacemos algo bien y además nos sentimos bien al hacerlo. Cuando esta distinción no está clara en nuestra mente, es posible que, sin darnos cuenta, estemos creando las condiciones perfectas para nuestro propio agotamiento. Hacer cosas que nos hacen sentir vivos puede dar miedo o suponer un desafío, pero eso no es lo mismo que sentirse agotado, drenado o desgastado por ellas. Aprende a identificar la diferencia entre competencia y vitalidad en tu vida.

LA VITALIDAD NO ES UNIVERSAL

Una de las cosas más importantes que hay que entender sobre la vitalidad es que es algo muy específico para cada persona. La manera en que tú te sientes vivo es única. Cuando alguien no ha reflexionado sobre esta verdad, supone que la forma en que él o ella experimenta la vitalidad es la misma para todos los demás. El problema de esta forma de pensar es que conduce a dar por sentada la propia vitalidad. He perdido la cuenta de la cantidad de veces que alguien me ha hablado sobre una experiencia hermosa de alegría y vitalidad, describiéndola de una forma única, solo para terminar diciendo: "Sí, pero cualquiera podría haber hecho lo mismo", cuando en realidad nada podría estar más lejos de la verdad.

La vitalidad y la forma en que se manifiesta en ti son únicas. Cuando descubras qué te hace sentir vivo, debes saber que has encontrado algo increíblemente excepcional. De hecho, Gallup, una organización que estudia el potencial humano y el talento, tiene una evaluación muy conocida llamada CliftonStrengths que ayuda a las personas a identificar sus fortalezas y lo mejor que saben hacer. Según su investigación, las probabilidades de que tengas los mismos puntos fuertes que otra persona son de una en treinta y tres millones.[2]

Vi un ejemplo de esto un día en el que tuve reuniones consecutivas con clientes individuales. La primera clienta me contó lo mucho que le encantaba la planificación de eventos y la organización de encuentros bien pensados, atractivos y de calidad que ofrecieran una experiencia positiva a los asistentes y cumplieran los objetivos del anfitrión. Le producía mucha alegría y disfrutaba todo el proceso, antes, durante y después del evento.

Treinta minutos después estaba hablando con otra clienta que me dijo que odiaba la planificación de eventos y que estaría más que feliz de no tener que organizar otro evento en su vida. En cambio, me habló de lo mucho que le apasionaba la mentoría individual, y sentía que brillaba en ello. Le encantaba guiar a otras personas a través de un proceso relacional de desarrollo y crecimiento.

Ojalá estas dos personas pudieran haberse escuchado hablar sobre sus experiencias de vitalidad, para que entendieran lo únicas que eran sus historias y que no todo el mundo las vivía de la misma manera. Dicho de otro modo, por cada cosa que te encanta hacer y que consideras tu manera de sentirte vivo, te garantizo que hay decenas de personas que me han dicho lo mucho que odian hacer exactamente eso.

¿Disfrutas organizando un evento especial como una fiesta, un *baby shower* o una celebración para tus seres queridos? ¿Te encanta analizar datos o números y encontrar patrones que surgen de ellos? ¿Te fascina resolver problemas difíciles hasta encontrar la mejor solución? ¿Eres excelente asegurándote de que los equipos cumplan con lo que dijeron que harían y que actúen de acuerdo con sus valores? ¿Te encanta hablar con desconocidos y ver a todas las personas a tu alrededor como posibles nuevos amigos? ¿O prefieres pasar la tarde en una conversación profunda con alguien importante en tu vida, fortaleciendo esa conexión? ¿Te sientes cómodo en situaciones nuevas en las que admites abiertamente que no tienes idea de lo que estás haciendo? ¿Aportas energía a una habitación cuando entras en ella y haces que los demás se sientan más positivos por estar juntos? ¿Eres bueno encontrando caminos a seguir y detectando ajustes necesarios a mitad del proceso? ¿Te sientes vivo cuando enseñas, guías, lideras, piensas profundamente, aprendes, diseñas estrategias, planificas, reúnes personas, creas comunidad, escribes, hablas, organizas, creas, generas ideas, anticipas, motivas a otros o resuelves problemas? Cuando identifiques la manera única en la que la vitalidad se manifiesta en tu vida, ten en cuenta que no ocurre exactamente igual en ninguna otra persona.

LA VITALIDAD PUEDE SER FÁCIL DE IGNORAR

Por todo esto, es fácil dar por sentada la vitalidad. Es demasiado sencillo pasar por alto lo que realmente nos hace sentir vivos, suponer que cualquiera podría hacer lo que nos resulta fácil, sobrevalorar los indicadores externos de éxito, o enfocarnos únicamente en nuestras debilidades y carencias. Pero la investigación sobre la ciencia del bienestar muestra que es mucho más probable que experimentes una alta calidad de vida cuando aprendes a centrarte en el modo único que te hace sentir vivo.[3] Este campo se conoce como psicología positiva, porque pone el énfasis en los aspectos positivos del potencial humano en lugar de las patologías. Ha sido desarrollado por científicos como Abraham Maslow, Martin Seligman y Mihaly Csikszentmihalyi.

Tâm, tras licenciarse en filología inglesa en la universidad, había desarrollado una exitosa carrera en finanzas y estaba pensando en su próximo paso. Aunque había logrado mucho, no siempre tenía la capacidad de identificar o expresar lo que realmente hacía bien y le hacía sentirse viva. Me contó acerca de una entrevista en la que envió notas de agradecimiento no solo a los entrevistadores, sino también a la recepcionista que la había recibido. Hablamos sobre su atención a las personas, sus habilidades relacionales, y lo mucho que disfrutaba construyendo relaciones. Pero para ella había sido fácil darlo por sentado, suponiendo que cualquiera podría hacer lo que a ella le salía de manera natural. Al trabajar juntas, Tâm comenzó a desarrollar el hábito de escribir semanalmente en un diario acerca de las cosas que veía que surgían de ella como fortalezas para darse cuenta y entender aquello que le hacía sentirse viva. Con el tiempo se dio cuenta de que ahora tenía mucha más claridad y podía ser más intencional con lo que contribuía o no a su vitalidad.

Muy pocas personas tienen la curiosidad necesaria para comprender su propia vitalidad de una manera que realmente marque una diferencia significativa en cómo viven su vida. Ser curioso sobre lo que te hace sentir vivo no es arrogancia, egocentrismo, o sentirse superior a los demás. Una curiosidad profunda y constante sobre lo que significa la vitalidad en tu propia vida te ayudará a identificar tus deseos y expandir tu visión de lo que es posible para ti. No ignores tu propia vitalidad.

DESCUBRIR LA VITALIDAD EN TUS EXPERIENCIAS DESTACADAS Y EXPERIENCIAS DE CONTRASTE

Si quieres entender cómo se ve tu vitalidad única, tienes acceso a la fuente más valiosa que pudieras necesitar: tu propia vida. Si quieres generar vitalidad mañana, el mejor lugar para comenzar es observando dónde ya ocurrió ayer. Tu experiencia de vida contiene un tesoro de conocimientos para descubrir información poderosa acerca de aquello que te da vida y lo que puedes hacer para generar más vitalidad. Explorar la belleza contenida en tu vida te da acceso a un nivel de autoconocimiento insuperable, que es esencial para comprender qué significará la alineación en tu vida. La neurocientífica formada en Harvard, Juliette Han, considera el autoconocimiento como la habilidad más subestimada relacionada con el éxito, la creatividad, la toma de mejores decisiones, y la construcción de relaciones más sólidas.[4]

Todos tienen experiencias de vida significativas que, cuando se entienden, ayudan a revelar verdades importantes sobre las cosas que les dan vida. A estas experiencias las llamo experiencias destacadas y experiencias de contraste. Aunque todos tienen estas experiencias, no todos han aprendido a identificarlas o interpretarlas.

Las experiencias destacadas son ejemplos específicos en tu vida de momentos en los que sentiste que estabas más vivo, y te ayudan a identificar qué contribuyó a esa sensación. Como hemos mencionado, estos son los momentos en los que no solo hiciste algo bien sino que además lo disfrutaste de verdad. Cuando la gente habla sobre sus experiencias destacadas, la alegría que irradian es palpable. *Me encantó hacer esto. Me sentí lleno de energía. Esto fue muy divertido. No puedo esperar a hacerlo otra vez.* Las experiencias destacadas revelan qué es lo que más te motiva, te llena de energía y te da vida. Puede que hayan llegado acompañadas de elogios, éxito u otro tipo de validación externa, pero lo más importante es la presencia de energía y vitalidad que sentiste por dentro. Cuando hice las treinta y cinco sesiones de *coaching* que me hicieron bailar por el pasillo, descubrí una nueva e importante experiencia destacada en mi vida.

Algunos ejemplos de experiencias cumbre que la gente ha compartido incluyen:

- Entrenar y competir en un Tough Mudder, una carrera de obstáculos extrema estilo campo de entrenamiento con fosas de barro y alambre de púas.
- Planificar una conferencia importante e impactante junto a un equipo apasionado.

- Escribir un discurso y presentarlo ante una reunión importante de personas influyentes.
- Organizar una despedida de soltera personalizada y llena de detalles para una mejor amiga.
- Crear un plan de desarrollo profesional claro y práctico para un nuevo miembro del equipo.
- Coordinar un viaje de campamento anual para reunir a un grupo de amigos.
- Ser mentor de alguien e invertir en su crecimiento.
- Dirigir el equipo editorial de un periódico escolar.
- Liderar un equipo para crear una comunidad genuina y fomentar la colaboración.
- Empezar un negocio de repostería.
- Producir un concierto para una comunidad.
- Cuidar bien a un familiar querido que envejece.
- Crear un sistema de equidad y transparencia financiera en toda una organización.

Por otro lado, las experiencias de contraste son lo opuesto a las experiencias destacadas. Son momentos en los que hiciste algo que te drenó o agotó, incluso aunque lo hicieras bien en cuanto a tu desempeño. Si tuviste que hacerlo durante un periodo prolongado, puede que hayas llegado a aborrecerlo. La gente describe estas experiencias de manera muy diferente a las experiencias destacadas. *Me dijeron que lo hice bien, pero me sentí agotado después. Detesto hacer este tipo de cosas. Esto me dejó sin energía. Estaría feliz si nunca tuviera que hacer esto otra vez.* Las experiencias de contraste te muestran las cosas que van en contra de tu vitalidad. Te indican lo que no es para ti y lo que será importante limitar o evitar para proteger el espacio de las cosas que sí te hacen sentir vivo.

Comprender tus experiencias destacadas y de contraste te ayuda a calibrar tu brújula interna. Así como la aguja de una brújula es atraída o repelida por el magnetismo natural de la Tierra, el magnetismo único de tu brújula interna te ayuda a dirigir tu vida hacia los contextos, lugares y experiencias que fomentarán tu vitalidad y lejos de aquellos que no lo harán. En otras palabras, afinas tu brújula interna al comprender tus experiencias destacadas y de contraste, para que te muestren lo que es para ti y lo que no lo es. Esta calibración te ayuda a crear una alineación genuina entre tus deseos y tu vida. Cuanto más aprendas a prestar atención a esta brújula interna, más precisa se volverá, guiándote en el proceso de descubrir tus deseos y prosperar.

Si crees que no tienes ninguna de estas experiencias, generalmente es porque no has aprendido a identificarlas y puede que hayas pasado página de ellas demasiado rápido como para detectarlas. Todos tienen experiencias destacadas y de contraste, pero es posible que te haga falta algo de orientación y espacio para descubrir cuáles son. Si al principio no te resulta fácil, recuerda que, como con cualquier otra habilidad, mejorarás con la práctica.

CÓMO CALIBRAR SOBRE LA BASE DE TUS EXPERIENCIAS DESTACADAS Y DE CONTRASTE

Aprender a estudiar tus propias experiencias destacadas y de contraste te capacita para encontrar los tesoros ocultos en tu vida. Te muestra cómo calibrarte con la versión única de vitalidad de tu alma. Esto es invaluable para aprender a crear una vida basada en lo que te hace ser quien eres.

Cuando vas a la playa, puede que veas personas con detectores de metales. Si no estás familiarizado con ellos, estos dispositivos están diseñados para emitir una alerta cuando detectan la presencia de metal. La gente los usa en lugares como la playa con la esperanza de encontrar tesoros ocultos en la arena; supongo que buscan joyas u otros objetos de valor. Cuando el dispositivo emite una señal, saben que deben detenerse y examinar más de cerca esa zona en particular. Cavan hasta localizar el objeto y, con suerte, encuentran algo valioso. Tener un dispositivo como este hace que lo que de otro modo sería una tarea imposible se vuelva mucho más factible, ya que sin él sería abrumador tratar de adivinar al azar dónde podría estar una joya perdida en la inmensidad de la playa.

Las experiencias destacadas y de contraste son como las alertas que te muestran dónde hay oro en tu vida que está esperando ser descubierto. Contienen un tesoro de pistas sobre cómo se manifiesta de modo único la vitalidad en tu vida. Revelan conocimientos y sabiduría sobre la persona que fuiste creado para ser de manera mucho más efectiva que cualquier otra cosa, y también te muestran cómo puedes generar vitalidad en el futuro. Creo que aprender a identificar, analizar y extraer información importante de tus experiencias destacadas y de contraste es una de las cosas más importantes que puedes hacer para fomentar la vitalidad en tu vida.

Probablemente ya estés familiarizado con algunas de las habilidades necesarias para analizar estas experiencias. Recuerda cuando en clases de literatura aprendías a realizar análisis literario y pensamiento crítico para entender libros, historias y poesía. Si eres como la mayoría de los estudiantes, probablemente tuviste que interpretar, analizar personajes y tramas, y explorar temas. Puede que pensaras que solo estabas aprendiendo a desglosar *Romeo y Julieta* o *La casa en Mango Street,* pero en realidad también estabas adquiriendo habilidades esenciales para comprender las experiencias destacadas y de contraste en tu vida. Después puedes darle las gracias a tu profesor de literatura.

Cada experiencia destacada y cada experiencia de contraste es una oportunidad para aprender más sobre cómo se ve y no se ve la vitalidad en tu vida. Cuanto más puedas profundizar en tu conjunto personalizado de experiencias destacadas y de contraste, más preciso será el retrato que puedas pintar de ti mismo y de tus deseos. Con el tiempo, así es como aprenderás a crear y mantener tus propios caminos hacia la plenitud.

Pedir que apliques la energía del análisis literario a tus experiencias puede sonar como si te estuviera invitando a obsesionarte con tu propia vida, y si es así, es porque lo estoy haciendo. Me encantaría que te sumergieras en los detalles de tus historias, experiencias y vida porque, como ya hemos dicho, esto te dará la mejor base para entender y fomentar la vitalidad en el futuro. (No te preocupes si no eres fan del análisis literario. Esta práctica tiende a ser mucho más irresistible e interesante cuando se trata de ti y tu vida).

Analizar tus experiencias destacadas y de contraste sigue los mismos tres pasos: nombrar, identificar y categorizar. Cada paso te ayuda a estudiar tus experiencias destacadas y de contraste para que puedas comprender mejor no solo la experiencia en sí, sino también lo que significa para tu vida.

TRES PASOS PARA REFLEXIONAR SOBRE TUS EXPERIENCIAS DESTACADAS Y DE CONTRASTE

Paso uno: nombra tus experiencias.
Paso dos: observa los detalles.
Paso tres: categoriza tu aprendizaje.

Hablaremos de cada paso y de por qué es importante. Al final del capítulo, en el ejercicio de reflexión tendrás la oportunidad de practicar pensando en tus experiencias destacadas y de contraste.

PASO UNO: NOMBRA TUS EXPERIENCIAS DESTACADAS Y DE CONTRASTE

El primer paso es identificar tus experiencias. Normalmente, invito a las personas a comenzar por sus experiencias destacadas y después pasar a las de contraste. Recomiendo hacer una lista de tres a cinco experiencias para cada categoría. Pensar en varias experiencias en cada categoría te da la oportunidad de compararlas y analizarlas. Las experiencias en cada categoría pueden ser similares o diferentes entre sí, pero cada una añade una capa distinta de comprensión.

Las experiencias destacadas y de contraste están en todas partes; podrás encontrarlas en cualquier ámbito de tu vida y se presentarán de maneras infinitamente creativas. Pueden surgir de contextos personales o profesionales, y uno no es más importante que el otro. Estas experiencias pueden haber sucedido hace poco o hace mucho tiempo. Podrían haber sido muy breves (una de las experiencias que alguien compartió duró solo quince minutos) o haber ocurrido a lo largo de mucho tiempo, incluso durante varios años. No descartes una posible experiencia destacada o de contraste por su línea temporal, la duración, el contexto u otro detalle específico. La cualidad esencial e innegociable es que la experiencia haya sido enriquecedora y haya despertado alegría para ti si estás pensando en experiencias destacadas, o que haya sido agotadora y desgastante si estás pensando en experiencias de contraste. La calidad de tu vivencia interior y tu energía es el aspecto más importante al que debes prestar atención.

A veces las personas piensan que es mejor dar respuestas más genéricas, pero te animo a que seas lo más específico posible. Por ejemplo, "Mentorear a Daniel mientras trabajábamos juntos en el proyecto X durante un año" será mejor que simplemente escribir "Mentorear". Si has sido mentor decenas de veces pero hay una relación de mentoría específica que es destacable para ti, seguramente vale la pena prestar atención a ese tipo de experiencia concreta. "Hablar en la presentación ante la junta cuando presenté el plan estratégico anual" es preferible a simplemente "Hablar". "Planificar un viaje de senderismo con mis tres amigos más cercanos" es mejor que simplemente "Viajar". Ya te puedes hacer una idea. Una vez que hayas enumerado algunas experiencias destacadas y de contraste, estarás listo para pasar al siguiente paso. Si este primer paso te resulta difícil, haz lo mejor que puedas y no le des demasiadas vueltas. Siempre podrás volver a editar tu lista. De hecho, es recomendable hacerlo.

PASO DOS: OBSERVA LOS DETALLES

Para cada experiencia destacada o de contraste, recuerda al menos cinco detalles específicos. A veces ayuda volver a imaginar la experiencia en tu mente y observar lo que identificas al situarte de nuevo en ese momento. Si te resulta abrumador hacerlo con cada experiencia de tu lista, comienza con una o dos, eligiendo las que te parezcan más interesantes o divertidas de analizar en este momento.

Recuerda que ningún detalle es demasiado pequeño para ser importante. Hace poco, un amigo y yo nos apuntamos a una clase de arte botánico para principiantes. Durante la clase, la instructora hizo hincapié en la importancia de observar los detalles de la hoja que estábamos dibujando. Nos dijo que prestáramos atención al mundo de detalles que habita en una sola hoja. Inmediatamente entendí su punto cuando nos mostró a qué se refería: el color de la hoja, el tono exacto de verde, cómo la luz rebotaba en su brillo, las venas que se retorcían, cómo se unía al tallo, e incluso las imperfecciones, los parches color café y los desgarros que contaban toda una historia. Hasta que no me detuve a observar, nunca había considerado cuántos detalles hay en cada hoja, aunque probablemente había pasado junto a miles de ellas antes. Hay muchísimos detalles hermosos que observar en tus experiencias, y vale la pena observarlas más de cerca.

Cuando busques los detalles que te llamen la atención, un buen lugar para comenzar son las preguntas principales del periodismo: quién, qué, cuándo, dónde, por qué y cómo. Para profundizar, aquí tienes algunas preguntas que siempre me interesan cuando le pido a alguien que describa su experiencia destacada o de contraste:

¿Viviste la experiencia solo o en colaboración con otros?

Si esa experiencia fue con otros, ¿fue positiva o negativa? ¿Qué cualidades o acciones de otras personas contribuyeron a esa sensación? ¿Qué papel jugaron los demás y cómo fue conectar con ellos?

¿Cómo fue tu proceso?

¿Cómo surgió la inspiración o la idea de hacerlo?

¿Qué hiciste específicamente? ¿Qué acciones tomaste?

¿Creaste un plan? ¿Cómo se te ocurrió ese plan?

¿O fuiste espontáneo y tu estrategia fue improvisar?

¿Qué preguntas te hiciste?

¿En qué tipo de entorno tuvo lugar esa experiencia y cómo influyó eso en ella?

¿Tuvo lugar en una ubicación geográfica concreta, o trabajabas con una organización, tema o contexto específico?

¿Por qué fue especialmente motivadora y satisfactoria esa experiencia si fue una experiencia destacada?

¿Por qué fue especialmente agotadora y desgastante si fue una experiencia de contraste?

¿Qué fue lo más significativo para ti de esa experiencia?

¿Otras personas te hicieron comentarios con los que te identificaste? ¿Qué dijeron?

¿Cuáles fueron los resultados y cómo se compararon con tus expectativas?

No tienes que responder todas las preguntas ni ser exhaustivo, especialmente si te resulta tedioso. Elige las preguntas que te resulten más útiles. También añadiré: presta especial atención a cómo se sintió esta experiencia en tu cuerpo. Si fue una experiencia destacada, ¿cómo describirías el estar lleno de energía, alegre, o fluyendo? Incluso ahora, al recordarla, puede que notes que te sientes más ligero y feliz, como suele pasar cuando las personas recuerdan sus experiencias destacadas. Si fue una experiencia de contraste, ¿cómo describirías el sentirte agotado o frustrado? ¿Sentiste esa sensación en alguna parte específica del cuerpo, como un peso en la parte baja del estómago o una tensión en los hombros? A veces, las personas nombran reacciones físicas concretas que asocian con sus experiencias destacadas o de contraste, y prestar atención a eso también es importante.

En ocasiones, las personas tienen dificultades para elaborar una lista de experiencias destacadas y me preguntan cómo saber si realmente disfrutaron algo. Esto suele pasar con personas que son muy responsables y están muy atentas a las necesidades y deseos de los demás, lo que significa que puede resultar difícil saber si algo fue una experiencia destacada porque realmente lo disfrutaron o porque lo hicieron por un sentido de responsabilidad. Si ese es tu caso, y en el pasado has priorizado en gran medida los deberes y las responsabilidades, busca experiencias destacadas en las que tu esfuerzo y dedicación estuvieran al servicio de algo que sí fue alegre o motivador para ti.

PASO TRES: CATEGORIZA TU APRENDIZAJE

Una vez que hayas nombrado y observado los detalles de tu experiencia destacada o de contraste, hay un último paso que te permitirá organizar tu pensamiento y conectar esa experiencia con aquello que revela quién eres. Esto es lo que te ayuda a tomar una experiencia concreta, sea destacada o de contraste, y aprender de ella para que no sea solo un hecho aislado de tu pasado.

Los psicólogos cognitivos llaman a esto metacognición, que esencialmente significa que estás pensando sobre tus propios procesos mentales. Hacerlo te ayuda a aprender de la experiencia de un modo que te permitirá trasladar ese aprendizaje al futuro, incluso si las situaciones y los contextos que te esperan son distintos a la experiencia sobre la que estás reflexionando. Te proporciona sabiduría sobre ti mismo que podrás utilizar en escenarios futuros.

Por ejemplo, mi esposo tuvo una experiencia destacada significativa durante su etapa en la escuela secundaria. Cuando estaba en tercer año, un profesor lo invitó a gestionar la tienda estudiantil. Él tomó una tienda poco popular y mal gestionada y la transformó hasta convertirla en el lugar favorito de los estudiantes en el campus. Le fue tan bien que la cafetería oficial de la escuela presentó una queja porque los estudiantes dejaron de querer comer allí, prefiriendo comprar su almuerzo en la tienda estudiantil. Cuando él categoriza esa experiencia, identifica su amor por resolver problemas y por tomar algo que no funciona muy bien y ayudarlo a convertirse en algo excelente. Como clasifica la experiencia de forma metacognitiva como un ejemplo de su fortaleza para resolver problemas, significa que puede aplicar ese aprendizaje en su vida actual. No necesita regresar a la secundaria para recrear la vitalidad que experimentó entonces. Puede buscar los problemas en la vida o el trabajo de hoy que más despierten su interés y creatividad.

Aquí tienes algunos ejemplos más de categorización, utilizando los escenarios mencionados en el paso uno. Una experiencia destacada de mentoría podría apuntar a un amor por ver el potencial en otros y ayudarlos a desarrollarse. Hablar en la presentación ante la junta podría revelar un amor por elaborar y comunicar un mensaje convincente, y un don para conectar con los demás. Planificar un viaje de senderismo con tres amigos cercanos podría mostrar una fortaleza para crear experiencias memorables y significativas, o un amor por elaborar un plan reflexivo y detallado centrado en relaciones importantes.

Este es un paso de interpretación. Te permite ampliar el aprendizaje de esa experiencia inicial para escuchar lo que dice sobre quién eres. ¿Qué te dice esa experiencia sobre ti? ¿Qué revela sobre tu mejor manera natural de actuar? O, por el contrario, ¿qué dice sobre lo que te resulta más difícil y tu manera menos natural de actuar?

Sin embargo, una pequeña advertencia: no simplifiques demasiado al categorizar. Aquí tienes un ejemplo de esto. Cuando hablé con Sehee, ella dijo: "La gente siempre me ha dicho que soy buena escuchando, así que debería ser terapeuta. Tanta gente me lo ha dicho que ya he perdido la cuenta". Pero cuando le pregunté si eso era algo que ella quería hacer, su respuesta fue un no rotundo. Sehee sí tenía la habilidad genuina para escuchar bien y ser comprensiva con los demás, pero lo que el consejo bien intencionado que la gente le había dado no tuvo en cuenta es que convertirse en terapeuta era solo una de las opciones de cómo podía utilizar esa fortaleza. Es una simplificación excesiva decir que todo el que es bueno escuchando debería ser terapeuta. Puede que a alguien le encante estar ahí para apoyar a amigos y familia, pero no quiera hacerlo en un contexto profesional. Puede que no tenga interés ni se le dé bien abordar traumas y, en cambio, se sienta atraído por otros tipos de temas o preguntas. En el caso de Sehee, ella quería usar sus habilidades de escucha para liderar equipos, ser una gran gerente, y trabajar con otros de muchas maneras diferentes que no tenían que ver con ser terapeuta. Por lo tanto, en este paso concéntrate en lo que tus experiencias te dicen sobre quién eres, pero recuerda que puedes aplicar esa percepción de muchas maneras diferentes, y en las siguientes etapas de este camino trabajaremos en eso.

Esta advertencia sobre no generalizar en exceso también aplica para las experiencias de contraste. Una noche, cuando mi hijo era pequeño, estaba sentado en la encimera de la cocina haciendo sus deberes de matemáticas. Se frustró con un problema con el que estaba teniendo dificultades y no entendía bien qué estaba fallando (yo tampoco fui de mucha ayuda, dado que la forma en que enseñaban matemáticas cuando yo iba a la escuela era completamente diferente). En su frustración, hizo un comentario de que odiaba las matemáticas. Traté de escucharlo y asegurarle que era natural sentirse molesto, pero también le dije que esa lección sobre multiplicar fracciones era solo una habilidad matemática específica y que a él le habían encantado la geometría y otras lecciones. Generalizar sobre las matemáticas basándose en una sola lección no era útil ni cierto. A regañadientes, admitió que no odiaba todas las matemáticas, pero que definitivamente odiaba esa tarea. Cuando encuentres una experiencia de contraste, fíjate si odias esa cosa en todos los casos y en todo momento, o si tu rechazo tiene que ver con algo más reducido y específico. Confía en lo que descubras, pero no generalices de manera inútil.

En este paso, una herramienta como una evaluación de personalidad puede aportar claridad y ofrecer categorías que expresen mejor lo que estás observando sobre ti, sin volverse demasiado limitadas con demasiada rapidez. Normalmente utilizo herramientas de evaluación como CliftonStrengths, Working Genius o el Eneagrama para proporcionar otra perspectiva con la que mirar una experiencia destacada o de contraste, porque creo que estos marcos de personalidad ponen palabras a dinámicas, rasgos o preferencias que ya tienes pero que quizás no habías logrado expresar aún. Este tipo de evaluaciones pueden ser una excelente manera de hacerte reflexionar o ayudarte a identificar matices y cosas más específicas de las que habrías podido ver por tu cuenta.

Hay muchas opciones (incluyendo Myers-Briggs, DiSC, Hogan, Birkman, Eneagrama, CliftonStrengths, Working Genius, Four Tendencies, VIA, CoreClarity, Predictive Index, etc.), y probablemente se estén creando nuevas mientras hablamos. Si no conoces estas herramientas pero crees que una de ellas podría ayudarte, te recomiendo CliftonStrengths como una opción accesible que resulta útil para muchas personas si no te importa pagar una tarifa para hacerlo y dedicar un poco de tiempo a aprender la terminología específica que usa la evaluación. No es estrictamente necesario, pero yo nunca hago una reflexión sobre experiencias destacadas y de contraste sin incluir este aspecto. Lo más probable es que ya hayas hecho algo parecido antes y tengas algunos de esos resultados guardados por ahí. Esta puede ser una gran oportunidad para sacarlos, volver a familiarizarte con ellos, y utilizar lo que descubras para comprender mejor lo que tus experiencias destacadas y de contraste están diciendo no solo sobre lo que hiciste en el pasado, sino también sobre hacia dónde podrías querer ir en el futuro.

Recuerda que esta lista inicial de experiencias clave destacadas y de contraste es algo a lo que puedes regresar, especialmente cuando descubras, con el tiempo, nuevas experiencias que quieras añadir a tu lista. Esto te dará más claridad y matices adicionales que no podrías conseguir haciendo una reflexión única. Algunos de mis clientes regresan a ella periódicamente, como un chequeo anual para recalibrarse mientras siguen aprendiendo y creciendo. De hecho, esta reflexión se vuelve más sólida cuanto más regresas a ella y te permites seguir aprendiendo de este tipo de experiencias. Confieso que me gustaría que esta fuera un área de aprendizaje para toda tu vida. Comprender tus experiencias destacadas y de contraste a lo largo de tu camino te permitirá seguir encontrando la belleza y sabiduría únicas de tus propias historias.

REFLEXIONA

ENTENDER TUS EXPERIENCIAS DESTACADAS Y DE CONTRASTE

Al comenzar a crear tu colección de historias, es importante que te mantengas abierto a lo que encuentres en tus experiencias destacadas y de contraste. No censures nada. No descartes una experiencia destacada porque creas que no es lo suficientemente significativa. Si te produjo vida y alegría, importa. Por otro lado, no te disculpes ni te sientas mal por una experiencia de contraste porque pienses que es algo que deberías haber disfrutado. Si algo te agota, no es que sea una cualidad negativa. Probablemente solo significa que no encajaba contigo. No te edites a ti mismo. Confía en lo que tu vida te está diciendo.

PRIMERA PARTE: EXPERIENCIAS DESTACADAS

1. **Nombra.** ¿Puedes enumerar entre tres y cinco experiencias destacadas que te vienen a la mente?
2. **Observa.** Para cada una, ¿puedes dar cinco detalles específicos sobre cómo fue esa experiencia?
3. **Categoriza.** ¿Qué parte de ti (una característica específica, valor, rasgo, fortaleza, talento, habilidad, genialidad o don) está presente en esa experiencia destacada?

SEGUNDA PARTE: EXPERIENCIAS DE CONTRASTE

1. **Nombra.** ¿Puedes enumerar entre tres y cinco experiencias de contraste que te vienen a la mente?

2. **Observa.** Para cada una, ¿puedes dar cinco detalles específicos sobre cómo fue esa experiencia?

3. **Categoriza.** ¿Qué parte de ti (una característica específica, valor, rasgo, fortaleza, talento, habilidad, genialidad o don) está en conflicto con esa experiencia de contraste?

TERCERA PARTE: TU BRÚJULA INTERIOR ÚNICA

1. ¿Identificas conexiones entre tus experiencias destacadas y de contraste?

2. ¿Cómo registras las experiencias destacadas y de contraste en tu cuerpo?

3. ¿Qué es lo más destacado que estás aprendiendo de ti mismo a partir de este ejercicio?

Tus experiencias destacadas y de contraste te ayudarán a prestar atención a las maneras específicas en las que la vitalidad aparece o no en tu vida. Permite que te enseñen nuevas maneras de pensar sobre ti mismo y aprender sobre la forma única en que te presentas al mundo.

5

SEGUNDO PASO: EXPANSIÓN

ABUNDANCIA, INCERTIDUMBRE, Y DEJAR ESPACIO PARA LAS POSIBILIDADES

En el capítulo anterior hablamos sobre prestar atención a tus experiencias como una manera de sintonizar con tu brújula interior y por qué esto es hermoso y necesario a la luz de las cosas específicas que a cada uno nos hacen sentir vivos. Sin embargo, haciendo énfasis en lo obvio, el propósito de una brújula es ayudarte a ir a algún lugar. Más específicamente, está hecha para ayudarte a salir del camino conocido. No necesitas una brújula para ir a los lugares con los que ya estás familiarizado. No necesitas una brújula para ir al mismo supermercado al que has ido cien veces. La única razón por la que una brújula se vuelve necesaria es si estás yendo a un lugar desconocido e inexplorado, donde tus rutinas normales no aplican. Solo necesitas una brújula cuando estás yendo a algún lugar salvaje.

En la expansión, miramos hacia la naturaleza salvaje de lo que podría estar esperándonos más allá de lo que actualmente conocemos. Dirigimos nuestra atención a cultivar intencionalmente nuestras ideas con una mente abierta a lo que es posible y los nuevos caminos que podrían estar por delante. Si la calibración nos da una brújula, la expansión nos da la imaginación para saber a dónde puede llevarnos esa brújula. Hacemos esto examinando las restricciones que, consciente o inconscientemente, hemos puesto alrededor de nuestros deseos y ampliando nuestra idea de lo que es posible más allá de esas limitaciones. En la expansión, la pregunta principal es: ¿cómo podemos prender la imaginación para considerar las posibilidades? Esta etapa nos ayuda a crear una imaginación más expansiva.

A veces, aventurarse hacia lo desconocido suena maravilloso, y es liberador considerar el sueño de lo que podría ser. Recuerdo a una clienta, mamá de niños pequeños, que había pasado por varias transiciones de vida y de carrera profesional en un corto periodo de tiempo. Cuando conectamos, ella sintió que finalmente estaba entrando en un nuevo momento de su vida en el que tenía la capacidad de hacerse preguntas sobre lo que sus deseos podrían estar diciéndole y señalándole. Se le llenaron los ojos de lágrimas mientras hablaba de su profunda gratitud por "poder hacerse preguntas sobre las posibilidades por primera vez en mucho tiempo". Para ella y otros como ella, abrir un espacio expansivo para las posibilidades puede ser como un regalo precioso.

Otras veces, pensar en la naturaleza salvaje no se siente tan emocionante. Puede dar miedo y hacer que nuestra resistencia y aprensión se activen al máximo. En teoría, debería sonar genial perseguir lo que podría ser posible para nuestras vidas, pero la realidad es que el proceso depende de varios factores.

He observado que, más a menudo de lo que pensamos, es difícil adoptar una mentalidad expansiva. Puede ser un desafío no minimizarnos y no minimizar lo que creemos que es posible. Tampoco es fácil lidiar con pensamientos, sentimientos y narrativas limitantes. Estas son algunas de las cosas que la gente me ha dicho cuando han recibido la invitación a pensar en las posibilidades de una manera expansiva:

Suena difícil.
Me dan ganas de llorar solo de pensar en ello.
Parece informativo, pero realmente es deprimente.
Eh, ¿por qué me da tanto miedo?
No.

Cuando hay resistencia de este tipo suele ser porque tenemos límites inconscientes alrededor de nuestros deseos y nos hemos acostumbrado a vivir dentro de esas restricciones. Con el tiempo, lo más fácil y cómodo es poner constantemente limitaciones a nuestros deseos. Minimizar lo que pensamos que es posible se convierte en nuestro modo por defecto. Puede que ni siquiera nos demos cuenta de que lo estamos haciendo. La expansión es necesaria porque nos dirige a considerar nuestra relación con las limitaciones, la imaginación, y las cajas en las que podemos haber encerrado nuestros deseos. Vivir con límites estrictos sobre lo que parece posible no nos hace sentir bien, pero si eso es a lo que estás acostumbrado, puede que simplemente te sientas seguro. Es difícil recordar que la naturaleza salvaje es buena cuando es tan *salvaje*.

RESTRICCIONES EN LA NATURALEZA SALVAJE

Por esta razón, ya sea que tu reacción al dirigirte hacia lo desconocido de la mano de tus deseos sea de profunda alegría y gratitud, miedo y duda, o algo intermedio, la mayoría de nosotros podemos beneficiarnos si hacemos de un examen consciente de las limitaciones con las que hemos caído en el hábito de vivir considerando nuestros deseos y lo que podría ser posible.

¿Cuál es la línea entre la posibilidad y la imposibilidad? Algunos límites los hemos creado nosotros falsamente; algunos límites son bastante reales, y no siempre es fácil descubrir dónde está la diferencia. No es tan sencillo como decirte a ti mismo que finjas que nada es imposible, porque claramente eso no es verdad. Tampoco es útil suponer que nada de lo que queremos es posible, como la persona que me dijo: "¿Quieres que haga una lista de todas las cosas que no puedo tener en la vida? No, gracias". Aprender a gestionar bien esta parte de la vida es una parte difícil dentro de la experiencia humana, sin perder la esperanza con respecto a las posibilidades, pero tampoco hay que simplificar en exceso la realidad de nuestras vidas como seres limitados. Sin embargo, cuando se trata de nuestros deseos, hay varias categorías de limitaciones que es útil volver a examinar con escepticismo saludable.

Limitaciones sobre nuestras habilidades

Como hablamos con las preguntas de competencia en el capítulo 3, es fácil enfocarse en dónde no estamos a la altura y colocar fuertes limitaciones sobre cómo vemos nuestras habilidades. Hacer espacio para tus deseos a menudo requiere que confíes en que, cuando ves ese deseo en tu vida, tienes lo necesario para hacerlo realidad. Sé escéptico con respecto a lo que te has dicho a ti mismo que puedes y no puedes hacer, especialmente cuando ves un deseo al otro lado de esa limitación autoimpuesta.

Limitaciones de otros

Otras limitaciones que debemos mirar con desconfianza son los edictos y las declaraciones que recibimos de otros. A veces internalizamos limitaciones que otras personas han pronunciado sobre nosotros sin tomarnos el tiempo de examinarlas. Por ejemplo, pienso en cuán común es que a muchos jóvenes los maestros, padres, u otras personas les digan que sus sueños son imposibles, ya sea a dónde quieren ir a estudiar, qué tipo de carrera quieren tener, o qué tipo de vida quieren llevar. Recientemente escuché la historia de un joven que reflexionaba en que un maestro le dijo que nunca podría llegar a ser escritor, pero eso fue exactamente lo que llegó a ser. Afortunadamente, encontró la manera de demostrar que esa persona estaba equivocada, pero no todos lo hacen. Como él, debes estar dispuesto a reevaluar este tipo de declaraciones internalizadas.

Limitaciones de perspectiva

Por último, algunos de nosotros hemos establecido en nuestras mentes reglas, explícitas o no, sobre "cómo son las cosas". *Soy demasiado mayor para hacer un cambio si no lo hice hace años atrás. Soy demasiado joven. Es demasiado pronto. Es demasiado tarde. Lo que quiero no existe. No me está permitido. Así no funcionan las cosas.* Sin pensarlo, tenemos reglas no examinadas sobre la supuesta manera en que funciona el mundo. Estas reglas crean y mantienen un sesgo hacia la limitación. Cuando identifiques una regla que te has dicho a ti mismo sobre lo que es o no posible, aprende a cuestionar de dónde vino. A veces, estas suposiciones no son más que historias que te has contado a ti mismo y que necesitan desesperadamente ser reescritas.

La expansión es el momento perfecto para observar más de cerca las limitaciones que tenemos sobre nosotros mismos para que podamos descubrir cómo interactuar con nuestros deseos con más imaginación. No estoy diciendo que debas fingir que los límites no son reales, pero espero que actives tu escepticismo interior hacia ellos.

UNA IMAGINACIÓN HACIA LA ABUNDANCIA

Podemos elegir llenar nuestra imaginación con límites, pero necesitaremos algo más que eso si queremos experimentar posibilidades y deseos de manera expansiva. Si quieres una imaginación que te lleve a algún lugar más allá del supermercado al que vas cada semana, necesitas aprender a nutrir tu imaginación con algo más. Debemos estar en sintonía con el asombro y la abundancia si queremos encontrar el bien que nos espera ahí afuera. Las imaginaciones que están impregnadas de abundancia crean el oxígeno necesario para que las chispas de los deseos en nuestra vida crezcan. Sin oxígeno, esas chispas se apagarán demasiado pronto.

El concepto de abundancia puede ser complicado a veces porque vemos muchos ejemplos negativos de codicia, opulencia, y riqueza destructiva; sin embargo, la verdadera abundancia no es ninguna de esas cosas. La abundancia puede incluir riqueza material o posesiones, pero también significa vivir con gratitud, reciprocidad, y mutualidad con el mundo que habitamos. Como nos recuerda Robin Wall Kimmerer en su libro *Una trenza de hierba sagrada*, la abundancia no tiene por qué ser extractiva, y puede darse como resultado de una realidad colectiva y sostenible, recibida en un reconocimiento respetuoso de la creación.[1] La abundancia no proviene de controlarlo todo en nuestra vida; en cambio, dar la bienvenida a la abundancia significa aprender a relacionarnos con nuestros deseos con apertura y curiosidad, incluso cuando sabemos que no podemos controlar a los demás ni los resultados.

Nuestro potencial de creer en la bondad en lugar de la escasez no es estática ni existe pasivamente en nosotros. Creer en la abundancia es algo en lo que tenemos la oportunidad de participar activamente, y esto nos ayuda a ser capaces de buscar con mayor claridad lo que queremos y necesitamos. Cultivamos activamente esta capacidad en nuestras vidas a través de la honestidad, abrazando las historias de otros, y reexaminando nuestra relación con la incertidumbre.

Honestidad en abundancia

Limitación: no consigues nada siendo honesto con lo que quieres lograr.

Abundancia: ser honesto con lo que quieres es una oportunidad para ser valiente.

La voz de la limitación dice que ser honesto sobre lo que deseas no es importante, así que ¿para qué molestarse? Cuando tenemos esta mentalidad, la honestidad es una complicación innecesaria o aterradora que es mejor evitar porque nos conduce a la vulnerabilidad de la desilusión o la decepción. Puede parecer más fácil vivir distanciados de nuestros deseos y no admitir, ni siquiera ante nosotros mismos, que anhelamos algo más allá de las limitaciones que nos resultan familiares.

En cambio, la abundancia ve la honestidad como un punto de partida esencial y espera ser transformada por ella. Ser radicalmente sinceros sobre nuestros deseos es un acto de valentía que nos cambia y expande nuestra capacidad para recibir lo bueno. Al acercarnos a nuestros deseos con la mayor autenticidad posible, eso nos enseña a ser valientes y trazamos el camino para el resto de nuestro viaje. ¿Qué pasaría si fueras completamente sincero sobre tus deseos y no te censuraras? ¿Y si pudieras ser abierto sobre lo que realmente quieres sin etiquetarlo como frívolo, indigno, irrelevante o imposible? Sé que puede dar miedo, pero también creo que descubrirás que es un acto de valentía que te transforma.

Hace poco tiempo encontré en mi estantería un viejo planificador a medio usar que me recordó lo que se siente al involucrarse en este proceso de honestidad y valentía. Cuando lo saqué del estante, me di cuenta de que era el que usaba en la época en que comencé a mirar hacia adelante después de que me rechazaran para un puesto en la vicepresidencia. Entre las notas garabateadas sobre llamadas telefónicas, citas y partidos de la liga infantil, había una página que captó mi atención.

En este planificador había una sección para escribir lo que deseas, sin restricciones ni limitaciones, según cuatro periodos de tiempo diferentes (tres meses, un año, tres años, y toda la vida). La idea era conectar con los deseos de manera sincera y hacerlo en distintos plazos para concretar mejor el pensamiento. En la sección de los tres meses escribí que quería espacios más cómodos y hermosos en mi hogar (esto tenía que ver con haberme dado cuenta de que necesitábamos un sofá nuevo en la sala). También escribí que quería distancia y perspectiva, lo cual creo que era una referencia difusa al hecho de que todavía estaba en una especie de espiral depresiva. Para el plazo de un año escribí que quería obtener claridad sobre la próxima década de mi vida. También mencioné que quería que me aprobaran una propuesta de libro, lo cual es chistoso porque en ese momento apenas tenía idea de lo que eso implicaría, cómo lograrlo, o incluso sobre qué quería escribir. Para el plazo de tres años escribí que quería tener un negocio propio, y en la categoría de toda la vida puse que quería hacer algo significativo, amar bien a mi familia y mis amigos, jugar, y experimentar alegría en mi vida.

Había olvidado que había escrito estos deseos, pero reencontrarme con ese planificador me recordó lo que se siente al nombrar cosas que parecen audaces y difíciles de alcanzar. No sabía cómo lograr ninguna de ellas. No sabía si alguna vez se materializarían en algo más que palabras en una página, pero sí sabía que estaba siendo lo más honesta posible.

No tenía idea en ese momento de que gran parte de lo que escribí realmente se haría realidad. Mi propuesta de libro fue aprobada, aunque tardó tres años más del marco de tiempo que yo había anticipado. Hice la transición a trabajar por cuenta propia casi exactamente tres años después, y casi en la misma fecha, desde la primera vez que lo escribí en la página. Cuando vi cómo esas cosas se desarrollaron, fue sorprendente y conmovedor darme cuenta de que esos deseos, que en su momento parecían tan sinceros que me daba hasta miedo plasmarlos en papel, se materializaron de manera tangible, innegable y enriquecedora.

Aunque no creo que el simple hecho de escribir esas palabras haya hecho que se volvieran realidad como por arte de magia, sí creo que la honestidad sin filtros sobre lo que quería, aun sin ninguna garantía de que pudiera suceder, fue algo muy importante. Me ayudó a convertirme en alguien que interactúa con las posibilidades con valentía en lugar de hacerlo con limitaciones. Escribir mis deseos fue una parte pequeña pero importante del proceso de aprender a no borrar esos deseos. No creo que una página en blanco en un diario tenga el poder de cambiar tu vida, pero sí creo que la honestidad con la que la llenas puede hacerlo.

Ser completamente sinceros con nuestros deseos puede ser difícil, pero cuando somos transparentes sobre lo que queremos, infundimos en nuestra imaginación la realidad de la abundancia y nos abrimos a descubrir a dónde nos llevará. Ser honesto es construir una conexión más profunda con la abundancia en nuestra alma. Aunque pueda dar miedo, y me identifico con eso, deja que tu honestidad sea una confrontación valiente de los límites que has puesto a lo que deseas.

La abundancia en nuestras historias colectivas

Limitación: la bondad para los demás viene a tu costa. Abundancia: la bondad para los demás te muestra lo que es posible.

La voz de la limitación dice que la vida es un juego de suma cero. Si otra persona experimenta algo bueno, significa que hay menos para ti. Esta mentalidad de escasez e individualismo ve la abundancia de los demás como algo desconectado de nosotros en el mejor de los casos, o como una amenaza en el peor. Una cosmovisión tan limitada del mundo no te permite ver las historias de los demás como otra cosa que una pérdida, y la alegría de otra persona como la prueba de que a ti nunca podría sucederte. No es así como estamos destinados a vivir.

Cuando otras personas experimentan cosas buenas en sus vidas, creo que eso te muestra más sobre lo que es posible en la tuya. Te abre los ojos a posibilidades y demuestra que lo que deseas puede existir, porque has sido testigo ocular de la historia de esa otra persona. Es como si el universo dijera: "Oye, ¿ves esto? La abundancia es real. ¡Mira lo que también podría ser posible para ti!".

Podemos elegir una perspectiva colectiva que vea la presencia de bondad en las historia de otras personas como algo profundamente alentador y que genera esperanza. Si podemos hacer esto, tendremos acceso a ejemplos reales y vivos de abundancia. Cuando otros experimentan el bien, no hay menos para ti. No supone una amenaza. Plantea la pregunta sobre si tu imaginación es lo suficientemente grande como para albergar lo que realmente deseas. Aceptar realmente las historias de los demás nos enseña a tener más esperanza en la abundancia que también es posible en nuestras vidas. Desde esta perspectiva, los celos hacia alguien pueden simplemente hacernos conscientes de nuestras creencias sobre lo que es posible, aunque tendemos a ver los celos únicamente bajo una luz negativa.

Nuestras historias colectivas son un regalo para nosotros y para nuestra capacidad de tener abundancia. Si aprendemos a recibirlas de manera expansiva, ampliarán nuestra imaginación y nos alejarán de las limitaciones que hemos impuesto a nuestros deseos.

La abundancia a pesar de la incertidumbre

Limitación: no puedes experimentar abundancia sin certeza. Abundancia: *sí* puedes experimentar abundancia sin certeza. La certeza no es un requisito para la abundancia.

Tendemos a pensar en la incertidumbre como algo malo porque la voz de la limitación dice que la certeza es un requisito para la abundancia. Con esta mentalidad, nos incomoda no saber qué pasará y no tenemos mucha tolerancia para ese estado de ambigüedad. A menudo hablamos de tolerancia al dolor, pero también debemos considerar cuánto podemos tolerar la incertidumbre, porque si no es mucho, no seremos capaces de ser fieles en el proceso con nuestros deseos del modo en que necesitamos hacerlo. La tolerancia a la incertidumbre es parte del proceso de expandir nuestra relación con la abundancia en nuestras vidas.

La abundancia no existe gracias a la certeza ni porque siempre sepamos cómo se desarrollarán los resultados. Existe porque está en la naturaleza de lo divino y del mundo natural del que formamos parte. La naturaleza nos imparte abundancia en su sabiduría. Cuando salgo a caminar, escucho a los pájaros cantar y veo las flores silvestres florecer, soy testigo de una abundancia que no proviene de la certeza, pero que está presente de todos modos.

Nuestros deseos no llegan con garantías. Sospecho que esta es una de las principales razones por las que desear es tan bueno para nosotros. Nuestros deseos nos enseñan a vivir con circunstancias poco claras e impredecibles, sabiendo que, a veces, la falta de certeza es algo positivo. La abundancia puede llegar hasta nosotros incluso cuando enfrentamos incertidumbre.

Me viene a la mente una experiencia que tuve hace unos años atrás cuando, en un evento como conferencista en Seattle, decidí quedarme un par de noches extra para ver a una de mis amigas más cercanas, ya que vive en la zona. Había terminado mi trabajo y estaba en la acera con mi maleta. Mi amiga Jenny estaba a minutos de recogerme cuando todos nuestros planes se desmoronaron, pues la dueña del Airbnb que habíamos reservado decidió cancelar nuestra reserva en el último minuto. Todo lo que habíamos planeado ya no era una opción, y no teníamos idea de qué hacer. Mientras intentábamos reorganizarnos, Scott, el esposo de Jenny, se ofreció amablemente a buscar un lugar alternativo donde quedarnos mientras nosotras íbamos a cenar. Cuando salimos a buscar un sitio para comer, nos encontramos con una fila enorme de personas entrando por las puertas del 5th Avenue Theatre, un teatro muy conocido y apreciado en el centro de Seattle.

Jenny me sonrió y preguntó si quería probar suerte consiguiendo boletos de última hora con descuento. A veces, que te cancelen en el último momento y no tener dónde ir puede ser una gran oportunidad, y como si el destino lo hubiera querido, no solo conseguimos dos boletos por el excelente precio de treinta y cinco dólares cada uno, sino que también logramos sentarnos en algunos de los mejores asientos del teatro. Con las prisas, al intentar encontrar nuestros lugares asignados mientras la función estaba por comenzar, tuvimos dificultades para hacer coincidir las letras y números de nuestros boletos con las filas y secciones correctas. La amable acomodadora, una mujer mayor, tampoco parecía saberlo. Así que, cuando las luces comenzaron a atenuarse y yo comencé a sentirme nerviosa, nos indicó que tomáramos los asientos vacíos más cercanos, que estaban en la primera fila, al lado derecho del escenario.

La obra se llamaba *Come from Away* y cuenta la historia real de la ciudad de Gander, en Terranova, cuando recibió a treinta y ocho aviones con 6579 pasajeros después de que se prohibiera aterrizar en Nueva York tras los ataques del 11 de septiembre. La obra presenta a los viajeros varados, a la tripulación y a los habitantes del pueblo, quienes prepararon comidas, donaron artículos esenciales y cuidaron a los inesperados huéspedes. Retrata la hospitalidad, la comunidad y la amabilidad poco común (lo mejor de nuestra humanidad), lo cual fue como un bálsamo ante los interminables ciclos de noticias llenas de violencia y dolor que vemos con demasiada frecuencia. Las actuaciones, la música y la historia fueron conmovedoras, hermosas y sanadoras. Después de que se bajó el telón, exhalé lentamente con lágrimas en los ojos y dije: "Vaya, no sabía lo mucho que necesitaba esto".

Después del espectáculo, Jenny y yo nos maravillamos de que, si hubiéramos llegado solo unos minutos antes o después, las cosas no habrían resultado igual. Demasiado temprano, y probablemente habríamos encontrado nuestros asientos originales, que seguramente estaban mucho más atrás. Demasiado tarde, y nos habríamos perdido la función por completo. Sin que tuviéramos ningún control sobre ello, todo había estado perfectamente sincronizado.

Más tarde, Scott nos dijo que había encontrado una casa a través de un amigo que estaba encantado de hospedarnos sin cobrarnos nada, y nos sentimos profundamente agradecidas por esa generosidad. Al día siguiente, exploramos el pueblo donde nos alojábamos, descansamos, y conversamos como se hace con una buena amiga a la que no ves en persona desde hace más de un año.

Aprendí algo importante de esa experiencia. Me convenció de que la abundancia no necesita certeza para existir. Los giros inesperados deshicieron todos nuestros planes y nada salió como habíamos pensado, pero aun así fuimos cuidadas y nos sentimos importantes. Aunque enfrentamos una incertidumbre inesperada, la noche quedó orquestada perfectamente con una abundancia profunda. Me enseñó que la incertidumbre no tiene por qué ser algo malo. En su mejor versión, la incertidumbre nos muestra cómo vivir con expectativa y apertura, y que el control solo nos sirve hasta cierto punto. No necesito una certeza absoluta sobre cómo se cumplirán mis deseos. Solo necesito saber que la incertidumbre puede ser un lugar de abundancia. De hecho, es el tipo de lugar en el que quiero vivir.

¿Y si realmente viviéramos así? ¿Y si creyéramos que ejercer control no es un requisito para la abundancia? ¿Cómo nos cambiaría eso como individuos? ¿Y como sociedad? Me pregunto qué haría eso con nuestra imaginación y nuestra praxis. En un mundo que nos dice que la única manera de ser vistos y cuidados es ejerciendo control y dominio sobre los demás y sobre el planeta, tal vez sea revolucionario aceptar que la incertidumbre trae consigo su propia sanidad y belleza. No podemos eliminar la incertidumbre, y tenemos que aprender a vivir con ella, pero quizás eso sea en realidad una buena noticia. Cuando creamos un espacio abierto y expansivo para nuestros deseos a pesar de la incertidumbre, damos un paso hacia abrazar esa bondad.

UNA PÁGINA EN BLANCO

Imagina que alguien se sienta frente a ti y sostiene una hoja de papel, pero no puedes ver qué hay en ella. Te dice que esa hoja contiene posibilidades para ti y lo que deseas, y naturalmente sientes curiosidad. Te la entrega, invitándote a mirar por ti mismo. Cuando tomas la hoja en tus manos y la volteas, te das cuenta de que está en blanco. Completamente en blanco. Te dicen que esto es intencional, para que puedas llenarla con lo que quieras.

No solemos vivir de esta manera. Por el contrario, creamos casillas para marcar. Llenamos páginas enteras con limitaciones, presiones y razonamientos que ahogan nuestros deseos. Nos imponemos limitaciones con respecto a lo que queremos y las repetimos como un niño escribiendo líneas en la pizarra. No es común que nos demos a nosotros mismos una página en blanco para las posibilidades, para hacer espacio para lo que podría ser.

Tal vez, solo por un momento, valga la pena practicar llenar esa página en blanco con tus deseos más sinceros y valientes. Sentarse con el espacio de los sueños y las posibilidades, en lugar de los límites y las restricciones. ¿Y si dejaras que tu imaginación se desborde un poco?

REFLEXIONA

CIEN DESEOS

Las instrucciones para este ejercicio son simples: escribe cien deseos. No tienes que poner ninguna otra condición sobre lo que escribas. Nada es demasiado grande, demasiado pequeño o está prohibido. Escribe lo que sea que te venga a la mente sobre lo que quieres, incluso si parece trivial, inalcanzable o absurdo.

La primera vez que encontré esta idea fue en un libro sobre gestión del tiempo y desarrollo profesional de la experta en carreras profesionales Laura Vanderkam.[2] El ejercicio me pareció tan interesante que, después de hacerlo, les dije a todos mis amigos que lo intentaran también. Años después, cuando comencé a trabajar como *coach*, recomendé una versión simplificada para mis clientes durante esta fase de expansión. Es uno de mis ejercicios favoritos porque revela mucho sobre nuestra imaginación para las posibilidades, y siempre es fascinante ver las respuestas únicas que da cada persona.

Si necesitas inspiración para comenzar, aquí tienes algunos ejemplos de deseos que las personas han incluido en sus listas: *Quiero aprender a montar en patinete. Quiero ver más justicia racial en mi país. Quiero ser un papá o una mamá presente y amoroso. Quiero ser concursante en Survivor. Quiero escribir un libro infantil. Quiero comprarme unas zapatillas nuevas para correr. Quiero crear espacios de belleza y conexión. Quiero comenzar mi propio negocio. Quiero liderar un equipo. Quiero comer más tacos. Quiero salir de la deuda. Quiero llegar a un puesto directivo en mi empresa. Quiero ganar más dinero del que gano ahora. Quiero hacer algo creativo con mis manos. Quiero jugar más al básquet. Quiero plantar un huerto de hierbas. Quiero un nuevo trabajo.* Las posibilidades son específicas, personales e infinitas.

Está bien escribir algo aunque no estés completamente seguro. Nadie va a tatuarte esta lista en el cuerpo. Puedes cambiarla cuando quieras. Tampoco te estás comprometiendo a hacer realidad todos estos deseos ahora mismo, lo cual sería abrumador. En cambio, el punto es hacer un inventario abierto de todo lo que deseas, y puede que te sorprendas con lo que descubras.

El objetivo de escribir cien deseos es evitar que pienses demasiado en lo que anotas, porque no tienes que ser cuidadoso con lo que escribes ni descartar cosas para hacer espacio para otras. El número en sí no es mágico, así que si solo llegas a veinticinco o treinta, como les ha pasado a algunos de mis clientes, no pasa absolutamente nada. Lo importante es ser honesto y curioso, más que alcanzar un número específico.

PASO UNO: ESCRIBE CIEN DESEOS

1. ____________________
2. ____________________
3. ____________________
4. ____________________
5. ____________________
6. ____________________
7. ____________________
8. ____________________
9. ____________________
10. ____________________

11. ____________________
12. ____________________
13. ____________________
14. ____________________
15. ____________________
16. ____________________
17. ____________________
18. ____________________
19. ____________________
20. ____________________
21. ____________________
22. ____________________
23. ____________________
24. ____________________
25. ____________________
26. ____________________
27. ____________________
28. ____________________
29. ____________________
30. ____________________
31. ____________________
32. ____________________
33. ____________________
34. ____________________
35. ____________________
36. ____________________
37. ____________________
38. ____________________
39. ____________________
40. ____________________
41. ____________________
42. ____________________
43. ____________________
44. ____________________

45. ______________________

46. ______________________

47. ______________________

48. ______________________

49. ______________________

50. ______________________

51. ______________________

52. ______________________

53. ______________________

54. ______________________

55. ______________________

56. ______________________

57. ______________________

58. ______________________

59. ______________________

60. ______________________

61. ______________________

62. ______________________

63. ______________________

64. ______________________

65. ______________________

66. ______________________

67. ______________________

68. ______________________

69. ______________________

70. ______________________

71. ______________________

72. ______________________

73. ______________________

74. ______________________

75. ______________________

76. ______________________

77. ______________________

78. ______________________

79. ____________________

80. ____________________

81. ____________________

82. ____________________

83. ____________________

84. ____________________

85. ____________________

86. ____________________

87. ____________________

88. ____________________

89. ____________________

90. ____________________

91. ____________________

92. ____________________

93. ____________________

94. ____________________

95. ____________________

96. ____________________

97. ____________________

98. ____________________

99. ____________________

100. ____________________

PASO DOS: REFLEXIONA ACERCA DE LO QUE DESCUBRISTE

PIENSA EN CÓMO FUE HACER EL EJERCICIO.

¿Cómo fue la experiencia? ¿Fue fácil o difícil?

¿Por qué crees que fue así?

¿Qué te muestra esto sobre cómo tiendes a relacionarte con las posibilidades y los deseos?

ANOTA CUALQUIER COSA QUE TE SORPRENDIÓ EN PARTICULAR.

¿Hubo algo en tu lista que te sorprendió?

¿Faltaba algo importante en tu lista? Por ejemplo, algunos de mis clientes se han sorprendido al notar que un área de su vida, como su carrera profesional, está mucho menos presente de lo que habrían imaginado, lo cual les da algo en lo que reflexionar.

PASO TRES: AGRUPA DESEOS SIMILARES EN CATEGORÍAS

¿Cuáles son los temas generales?

Algunas personas encuentran útil notar agrupaciones naturales y organizar los deseos en consecuencia. Algunas categorías que podrías usar son comunidad, legado e impacto, familia, amistades, finanzas, diversión y pasatiempos, hogar, pasiones, aprendizaje, trabajo y carrera, bienestar físico y mental, viajes y misceláneos.

PASO CUATRO: IDENTIFICA CHISPAS

¿Qué deseos tiene una chispa especial? Escríbelos y marca los que te resulten más emocionantes, interesantes o atractivos para poder retomarlos más adelante.

Ahora que has creado este inventario honesto de los deseos que están presentes en tu vida actualmente, tienes un excelente punto de partida para la siguiente etapa. Estás listo para llevar tus deseos a la fase de experimentación.

6

TERCER PASO: EXPERIMENTACIÓN

LA PARADOJA DE LA CLARIDAD, I+D Y DISEÑAR MEJORES EXPERIMENTOS

Michelle, una mamá trabajadora ocupada, había terminado recientemente un permiso prolongado en el trabajo. Durante este tiempo tuvo la oportunidad de descansar profundamente y tomarse un respiro de su rol como gerente atenta y comprometida con su equipo. Mientras se preparaba para regresar, comenzó a sentir que era el momento de cambiar a un nuevo rol. Estaba lista para algo nuevo, pero no sabía exactamente qué era.

Michelle sabía dónde prosperaba y dónde no. Había trabajado para materializar y honrar sus deseos, y reflexionaba sobre dejar una organización de la que había sido parte por mucho tiempo. También hablamos de nuevas oportunidades que comenzaban a surgir.

Nos reunimos una mañana por Zoom mientras ella estaba en su auto esperando para recoger a sus hijos de la escuela.

Inmediatamente comenzó a describir la niebla de deseos que sentía. "Estoy regresando, pero no sé a qué, y no sé cómo pensar en estas nuevas opciones. Todo se siente borroso. No tengo nada de claridad".

Asentí. "Eso tiene sentido", comencé. "Pero eso no es exactamente lo que escucho. Al escucharte, percibo mucha claridad interna. Sabes quién eres, dónde prosperas, qué quieres y qué no quieres. También pareces segura de que un capítulo está terminando y estás lista para algo nuevo. Esas realidades internas son muy importantes. Tal vez no tengas mucha claridad externa sobre situaciones específicas, oportunidades, y la forma que todo debe tomar, pero tienes mucha claridad interna".

Sus ojos se iluminaron. "Nunca lo había pensado de esa manera, pero tiene sentido". Se dio cuenta de que había estado enfocada en la claridad externa que le faltaba, pero después de reconsiderarlo, vio la gran claridad interna que poseía. Michelle había hecho un gran trabajo con la calibración y la expansión. Estaba lista para la etapa de experimentación.

En la experimentación, tomas tu lista de deseos amplia, hermosa y demasiado grande y la reduces a aquellos con más interés natural e inercia para ver qué encaja realmente y qué no. Esto es importante para recopilar retroalimentación real sobre lo que de verdad quieres. En la experimentación respondemos a la pregunta: *¿cómo convertir la curiosidad en claridad?*

CULTIVAR UNA MENTALIDAD EXPERIMENTAL

En esta etapa, las personas tienden a cometer un error que veo una y otra vez. Ese error es suponer que deben saber exactamente lo que quieren antes de poder avanzar. Dan por sentado que saber lo que quieres viene primero y la acción viene después. "Una vez que sepa lo que quiero, puedo dar un paso". También piensan que lo contrario es cierto. "Si *no* sé lo que quiero, *no* puedo avanzar". Con esta mentalidad, es fácil quedarse atascado, sin acción ni impulso.

Esto comienza con una falsa suposición principal. Es posible que aún no hayas detectado la falacia porque es muy común.

"La claridad conduce a la acción".

Entiendo esta forma de pensar porque es lo que la mayoría de nosotros hemos aprendido. Es lógica y lineal. Paso uno: saber lo que quieres. Paso dos: hacer lo que quieres. La suposición defectuosa de esta forma de pensar dice: "Si tengo claro lo que quiero, entonces puedo actuar". Luego, la actitud subsiguiente dice: "Por lo tanto, si no tengo claro lo que quiero, no puedo actuar". Créeme, entiendo el atractivo, y sí, es cierto que esto a veces sucede. Pero no siempre funciona, y aquí está el porqué.

Esta presunción no reconoce que los deseos no viven en la mente. Saber lo que quieres no es algo abstracto, conceptual o cerebral. Los deseos son personales, orgánicos y, debido a eso, un poco salvajes. Más a menudo de lo que pensamos, nuestros deseos hablan a través del instinto, el corazón, el alma y la intuición. Lo más importante es que los deseos deben materializarse. Descubrir qué encaja realmente contigo no es una pregunta para pensar, es una pregunta para actuar. Si esto es un desafío para ti, es posible que estés atascado pensando en tu camino con preguntas que no pueden darte respuestas satisfactorias únicamente con la contemplación. Muchas de las preguntas que tendemos a hacernos sobre nuestros deseos no son buenas preguntas cuando las usamos solo para pensar. Aquí tienes algunos ejemplos de este tipo de preguntas:

- ¿Quiero quedarme en mi rol como colaborador individual, o quiero convertirme en un gerente que lidere un equipo?
- ¿Quiero ser voluntario en esta organización sin fines de lucro en la que creo, o en otra en la que creo por diferentes razones?
- ¿Quiero una carrera en el campo en el que estoy actualmente, o en otro campo que siempre me ha intrigado?
- ¿Quiero esforzarme por un gran ascenso en el trabajo, o quiero dar más atención a las prioridades de mi vida fuera del trabajo, como la familia y los pasatiempos?
- ¿Quiero hacer un cambio importante para comenzar de nuevo en una nueva ciudad y mudarme más cerca de mi familia, o quiero echar raíces donde estoy?

Algunas señales de que estás tratando de pensar cuando la pregunta es de acción incluyen:

- Ir y venir entre dos o más opciones sin mucho progreso.
- Debatir mucho entre pros y contras, pero sin saber qué variables priorizar (pista: no todos los factores pueden o deben tener el mismo peso).
- Sentirte atrapado en un argumento cíclico contigo mismo que te hace sentir estancado e incapaz de avanzar.
- Hacer preguntas que comienzan con "¿*Realmente* quiero...?".
- Hacer preguntas de "¿Qué pasaría si...?" que te dejan paralizado.
- Imaginar escenarios futuros sin saber decir si los amarías o los odiarías.
- Saber que probablemente estás pensando en exceso las cosas, pero no tener idea de qué hacer en cambio.

Una señal segura de que estás atrapado en esta trampa es cuando haces listas de pros y contras, pero sientes que lo único que consigues es crear un tedioso argumento de ping-pong contigo mismo, yendo de un lado a otro sin fin. Es agotador y no muy útil.

"Creo que quiero un nuevo desafío en el trabajo. Últimamente, no estoy seguro de cuánto estoy aprendiendo en este rol".

"Sí, pero si hago un cambio, tal vez no quiera la responsabilidad extra. ¿Y si me carga y me estresa? Ya estoy cansado. ¿Realmente quiero añadir más? Si me quedo donde estoy al menos sé a qué me enfrento".

"Pero, si no lo intento ahora, podría perder la oportunidad y no obtener otra como esta en mucho tiempo. O nunca. Podría aburrirme si no hago algo nuevo".

"Y, si lo hago, podría odiarlo aún más y no sabría cómo salir".

Y así sucesivamente.

Si has experimentado este tipo de vaivén mental, sabes que puede durar horas, semanas, meses o más. No me malinterpretes. Soy una gran seguidora de la reflexión personal, pero algunas de las preguntas que te mantienen atrapado simplemente no son de las que puedes resolver con más y más deliberación.

La mayoría de nosotros creemos y hemos aprendido:

La claridad conduce a la acción.

Pero te invito a considerar la siguiente alternativa:

La acción conduce a la claridad.

Esta es la paradoja de la claridad. Nos han enseñado que necesitamos claridad antes de poder actuar, pero la claridad que realmente importa es la que proviene de la acción. Cuando te sientes estancado, la acción debe venir primero. Esto es lo que generará una claridad significativa. Puede parecer contradictorio, pero tomar acción es lo que te ayudará a tener claro lo que realmente quieres. La acción, la experimentación y el aprendizaje a través de la práctica son tus mejores aliados cuando buscas alineación.

Esto no significa que necesites agotarte yendo en un millón de direcciones diferentes. No estoy proponiendo un enfoque disperso, razón por la cual no comenzamos con esta etapa. Así como no comprarías un auto sin antes probarlo, tampoco intentarías probar cada auto del mercado; sería demasiado tedioso y abrumador. Por eso comenzamos con la calibración y la expansión. Estas etapas anteriores te ayudan a desarrollar una autoconciencia crucial que te permitirá crear experimentos y tomar acción desde esa base de autorreflexión, lo cual te dará los pasos a seguir que más probablemente serán los adecuados para ti. Buscamos una acción fundamentada porque pensar es estupendo, pero no reemplaza a la acción.

Pensar te ayuda a…	Actuar te ayuda a…
diseñar mejores experimentos	diseñar una mejor alineación
aprender cosas importantes sobre ti mismo, especialmente tus fortalezas y dones únicos	invertir más en tus fortalezas y dones únicos para verlos crecer
formar hipótesis sólidas	verificar o descartar hipótesis con datos reales
interpretar y aprender de experiencias pasadas	aplicar sabiduría de tus experiencias pasadas a tu presente y futuro
eliminar opciones que no merecen tu tiempo	crear opciones que encajan con tus verdaderos deseos

Cuando aprendes a crear experimentos que pongan a prueba lo que realmente quieres, puedes ver las cosas con una claridad que proviene de un lugar más profundo; es una claridad incorporada en tu experiencia, no solo teórica. En otras palabras, sabrás lo que quieres porque de repente te encuentras bailando por los pasillos.

Por lo general, cuando las personas se sienten estancadas su instinto les dice: "Muy bien, estás confundido. Necesitas más tiempo para pensar. Sigue intentando resolverlo. Esfuérzate por aclararlo en tu cabeza. No hagas nada hasta que estés seguro". Si eso te ha funcionado y finalmente has llegado a tener claridad, es estupendo; pero para algunos de los deseos en nuestra vida, puede que eso nunca ayude. Por lo tanto, si sientes que estás atrapado en un bucle interminable, observa la paradoja de la claridad en acción y pregúntate si ha llegado el momento de cambiar de enfoque.

Aquí tienes una alternativa. Imagina que eres un investigador en un laboratorio. Ahora eres el director de I+D de tus deseos verdaderos. Los laboratorios son espacios donde se prueban teorías y se aprende de los resultados. Descubres qué parte de tus hipótesis son correctas y, lo que es igual de importante, qué partes no lo son.

En este enfoque, la pregunta "¿Prefieres la opción A o la opción B?" no se responde sentándote a pensar en ello. Se responde en el laboratorio de tu vida con una experimentación reflexiva. Esto te lleva a ver las cosas con una claridad profunda y materializada. Esto conduce a la alineación.

PRINCIPIOS DEL DISEÑO DE EXPERIMENTOS

Diseñar un experimento o una serie de experimentos para poner a prueba tus hipótesis es un ejercicio que combina estrategia y creatividad. Este proceso te invita a reflexionar sobre cómo diseñar tus experimentos, por qué los estás haciendo, y qué estás buscando.

Aquí hay algunos principios de diseño de experimentos que te ayudarán a ver las cosas con claridad.

Principio uno: Tener una inclinación hacia la acción

Prioriza los siguientes pasos que sean accionables. Este es un principio fundamental del pensamiento de diseño, un marco que enseña a los diseñadores a identificar el problema, generar ideas, y luego crear un prototipo para probar esas ideas y soluciones.[1] Es importante observar que la acción es esencial, pero no tiene por qué ser abrumadora. El microprogreso es la idea de dividir algo en las unidades de acción más pequeñas posibles para generar inercia. Ningún paso es demasiado pequeño. Es más importante actuar que hacer algo grande o dramático. Reduce el experimento tanto como necesites para seguir avanzando. Sobre todo, apunta a lo te parezca manejable.

Principio dos: Elegir el nivel de riesgo adecuado para ti

A veces las personas se asustan pensando que poner sus deseos en acción significa cambiar su vida por completo. Su primer marco de referencia es un nivel de cambio drástico y transformador.

James es un ejemplo de ello. Era un conductor que me recogió en el aeropuerto después de un viaje de trabajo. No suelo ser muy habladora en este tipo de situaciones; normalmente prefiero disfrutar de un momento de silencio porque no son muy comunes, pero James era simpático y la conversación fluía. Me contó que era un músico emergente, aunque no siempre lo había sido. Antes había tenido una carrera exitosa y bien remunerada que, poco a poco, lo iba consumiendo. Como respuesta, James vendió su casa, dejó su trabajo y se mudó de Chicago a Los Ángeles para perseguir una carrera en la industria del entretenimiento. Su familia estaba tan preocupada que incluso organizaron una intervención.

Después de varios años invirtiendo en su sueño, tuvo un gran avance en su carrera gracias a un encuentro fortuito que le abrió la puerta correcta. Tuvimos una conversación increíble sobre saber lo que quieres, seguir lo que te hace sentir vivo, y cómo el universo responde cuando lo haces.

Me encanta esta historia. ¿Cómo no me iba a encantar? James arriesgó mucho para perseguir su sueño y aquí estaba, encontrando la manera de hacerlo realidad. Aunque solo lo conocía el tiempo que había durado el trayecto del aeropuerto a mi casa, escuchar su historia me alegró el día y estaba realmente contenta por él. ¿Por qué te cuento esto? Para subrayar el hecho de que la historia de James es el tipo de historia que la gente imagina cuando piensa en poner sus deseos en acción. Es una historia dramática de hacer algunos de los cambios más radicales que alguien puede hacer: renunciar, mudarse y comenzar de cero. No me malinterpretes, es una gran historia. Pero también es válido si no estás en un punto en el que sientes que puedes hacer lo que hizo James. El error que veo con frecuencia es que las personas piensan que, si no pueden (o no quieren) dejar su trabajo o mudarse al otro lado del país, entonces no pueden hacer nada.

La acción es esencial. Tomar la acción más extrema, disruptiva o drástica no lo es. Tú decides el nivel de riesgo con el que te sientes cómodo y lo que tiene sentido para ti y tu vida.

Esta es la analogía que comparto con mis clientes para explicar esto con mayor profundidad. Cuando te reúnes con un asesor financiero, una de las primeras preguntas que te hará es: "¿Con qué nivel de riesgo te sientes cómodo?". Te explicará la diferencia entre inversiones de riesgo bajo, moderado y alto. A menudo describirá escenarios que encajan con cada nivel y la rentabilidad promedio esperada para cada uno. También te pedirá que tomes en cuenta tu situación personal, como tu edad, tu etapa de vida, tus objetivos financieros, y si estás planeando eventos importantes como la jubilación, pagar la universidad o apoyar a tus padres mayores. Basado en esta información, su trabajo es recomendarte las inversiones adecuadas según el nivel de riesgo apropiado para ti.

De la misma manera, tú eliges el nivel de riesgo para tus experimentos. James eligió la opción de alto riesgo cuando decidió vender su casa y mudarse, dejando un empleo bien pagado para comenzar de nuevo en una ciudad desconocida. Puede que admires su valentía, pero eso no significa que deba ser tu camino. Las inversiones de alto riesgo no son adecuadas para todos los inversores.

Lo más importante es ser intencional sobre el nivel de riesgo que estás eligiendo y por qué. De hecho, una gran ventaja de los experimentos de riesgo bajo o moderado es que pueden evitar una pérdida costosa de tiempo o dinero, como gastar decenas de miles de dólares en un título universitario que en realidad no tiene nada que ver con lo que realmente deseas.

No hay un enfoque único que funcione para todos. Las obligaciones familiares, las realidades financieras, tus propias preferencias y otras limitaciones son factores importantes que se deben considerar, y no nos hace ningún bien fingir lo contrario. Tal vez simplemente aborreces la idea de tomar el camino de alto riesgo y sepas que con tu temperamento no funcionará. Lo importante es recordar que puedes invertir *algo*, aunque sea el equivalente a 50 dólares en lugar de 50 000.

Aquí tienes algunos ejemplos para darte más ideas prácticas sobre esto.

Ejemplos de experimentos de bajo riesgo

(Un experimento que requiere una inversión mínima de tiempo, energía o dinero).

- Tener una entrevista informativa de treinta minutos con una persona que tenga experiencia en una opción que estés considerando. (Asegúrate de respetar su tiempo preparando preguntas reflexivas).
- Crear un proyecto único para ti en un área de interés.
- Leer un libro sobre un tema que te genere curiosidad.
- Hacer una búsqueda enfocada en el internet para aprender más sobre el campo que estás considerando. Por ejemplo, puedes revisar ofertas de trabajo y llevar un registro en una hoja de cálculo.
- Investigar sobre escuelas o programas que estés considerando o hablar con alguien que estudió allí.
- Ser voluntario en un área que tenga importancia para ti.
- Emprender un negocio que requiera poca o ninguna inversión inicial, por ejemplo, un negocio basado en servicios sin necesidad de inventario costoso o grandes compras.

Ejemplos de experimentos de riesgo moderado

(Un experimento que requiere una inversión moderada de tiempo, energía o dinero).

- Inscribirte en un programa de certificación.
- Hacer una serie de entrevistas informativas. (Una vez hice veinte de estas entrevistas para decidir si aceptaba una oferta de trabajo).
- Cambiar de trabajo dentro de tu empresa u organización actual.

- Crear un proyecto a corto o mediano plazo en un área de interés.
- Contratar a un *coach* o mentor con experiencia en lo que estás trabajando.
- Apuntarte a una clase, taller o retiro.
- Aplicar a nuevos trabajos que te interesen y asistir a entrevistas.
- Usar vacaciones o días libres para probar algo que normalmente no tendrías tiempo de hacer; por ejemplo, si quieres escribir, tomarte un tiempo para hacer un retiro de escritura.
- Iniciar un negocio que requiera una inversión inicial moderada pero accesible.
- Pedirle a tu jefe actual que te asigne un proyecto a medio o largo plazo que refuerce tu interés; por ejemplo, supervisar a un empleado más joven o a un becario si disfrutas siendo mentor.

Ejemplos de experimentos de alto riesgo

(Un experimento que requiere una inversión significativa de tiempo, energía o dinero).

- Renunciar a tu trabajo.
- Tomarte un tiempo prolongado sin salario, como una excedencia o un año sabático, para vivir una experiencia que de otro modo no podrías tener.
- Cambiar tu estilo de vida de manera significativa; por ejemplo, reducir gastos, vender una casa, compartir vivienda con otras personas, o hacer otro cambio que modifique

drásticamente tu situación para ganar mayor libertad financiera.

- Mudarte a otra parte del país para aprovechar oportunidades o recursos que no tendrías si te quedaras en tu ubicación actual.
- Mudarte a otro país con la intención de encontrar soluciones a problemas más amplios en tu vida, como la atención médica, el costo de vida o el ritmo de vida.
- Cambiar de campo profesional.
- Iniciar un negocio que requiera una inversión significativa de capital, ya sea autofinanciado o con inversión de terceros.
- Inscribirte en un programa de grado para obtener conocimientos, credibilidad, redes de contactos o formación.
- Volverte autónomo como *freelance* o emprendedor.

Estas listas no son exhaustivas. Son solo un punto de partida para ilustrar cuántas opciones pueden existir en diferentes niveles de riesgo. Cuando te das la libertad de jugar con el nivel de riesgo que sea adecuado para ti, puedes generar muchas más oportunidades y experimentos para descubrir qué te dicen tus deseos.

Principio tres: Aplicar una mentalidad holística

Nuestra sociedad tiende a promover una mentalidad que dice: "Tu trabajo lo es todo, y el objetivo de la vida es satisfacer todos tus deseos a través de él. Si no puedes hacerlo, entonces te aguantas porque no tienes otra opción". Esta actitud no es constructiva, además de que deja fuera a muchas personas, como quienes están desempleados, subempleados, o quienes no pueden o no quieren trabajar fuera del hogar. Es una visión increíblemente limitante.

Por el contrario, es liberador darse cuenta de que no todos los deseos tienen que cumplirse en el mismo lugar, como en un empleo remunerado. Si imaginas tu vida como si solo tuvieras un único espacio para colocar todos tus deseos y ese espacio es el trabajo que paga tus facturas, estarás limitando tus opciones y poniendo demasiada presión en ese trabajo para que cumpla múltiples funciones que tal vez no pueda. También significa que estarás sujeto a lo que otros estén dispuestos a contratarte para hacer, lo cual no está enteramente bajo tu control.

Me resulta más empoderador imaginar la vida de manera holística, considerando tanto lo que haces para ganar dinero como lo que haces por disfrute, ya sea a través de pasatiempos, voluntariados o proyectos personales. Esto ayuda a quitarle presión a un solo aspecto de tu vida. Considerar tu vida de modo holístico permite abrir más espacio a la creatividad y la autonomía.

Por ejemplo, Lisa amaba el diseño de interiores y le producía mucha alegría. Tenía un talento especial para hacer que un espacio se sintiera acogedor y hermoso, pero no sentía que eso fuera lo que quería hacer como carrera profesional. Muchas personas en su lugar asumirían que ese interés no era importante y se dirían a sí mismas que debían dejarlo atrás y seguir adelante, pero eso no fue lo que hizo Lisa. En lugar de ignorar su deseo y su amor por el diseño solo porque no lo veía como una opción profesional, decidió ser voluntaria en una organización sin fines de lucro que ayudaba a familias sin hogar. Esta organización les proporcionaba un lugar para vivir y decoraba esos espacios para que las personas pudieran sentirse bienvenidas a un hogar cálido y acogedor. Lisa descubrió que usar su talento de esa manera y para beneficio de otras personas le resultaba enriquecedor y le daba energía. Tener un trabajo remunerado como diseñadora de interiores no era la única manera en que Lisa podría dar vida a su deseo. Al ver su vida de manera holística, encontró una oportunidad que le brindaba mucha satisfacción.

El capitalismo nos dice que nuestro valor se define por el trabajo que hacemos y cuánto nos pagan por ello, pero tu valor como persona no depende del total de tu salario. La alegría, la satisfacción y el propósito que obtienes de algo personal no son menos válidos que los que provienen de un empleo remunerado. Eres una persona completa con muchas facetas diferentes, cada una de las cuales es parte de tu verdadero ser.

Pensar en la vida de manera holística te permite ser más estratégico. Lo que haces en el trabajo, la forma en que te conectas con tu familia y amigos, tus pasatiempos, oportunidades de voluntariado y otros aspectos pueden ayudarte a alinear tus deseos de distintas maneras si sabes cómo enfocarlos. Un jefe no puede ni debe cumplir todos tus deseos. Si aceptamos la naturaleza holística de nuestra vida, aumentamos nuestra capacidad para crear espacio para nuestros deseos y encontrar maneras significativas de ponerlos en práctica.

Principio cuatro: Crea un mapa de experimentos de múltiples vías

De modo similar, una de las razones por las que a las personas les cuesta saber qué quieren es porque imaginan que tener las cosas claras es centrarse en una única opción; sin embargo, la calidad de nuestras decisiones es mucho mejor cuando no pensamos solo en términos de sí o no y consideramos múltiples opciones al mismo tiempo. Usar un enfoque de múltiples vías evita que te quedes atascado por la presión de decidir un único camino antes de tener suficiente información para hacerlo, y fortalece tu pensamiento para que puedas desarrollar varias ideas en paralelo.

En el ejercicio de reflexión de este capítulo, vamos a crear un mapa mental de tus experimentos con este enfoque de múltiples vías. En lugar de pedirte que hagas un plan en torno a una única opción, te invitaré a crear un mapa que contemple varias posibilidades a la vez. Esto te permite maximizar la curiosidad y la creatividad con tus opciones.

Hay cuatro tipos de experimentos que suelo recomendar. Si estás atravesando una transición importante en la vida, como un cambio de carrera, te sugeriría probar uno de cada tipo de experimento, aunque no es un requisito, y puedes intentar más de uno en cada categoría según las opciones que estés considerando. En la siguiente página encontrarás un mapa de los cuatro tipos de experimentos.

MAPA DE EXPERIMENTOS

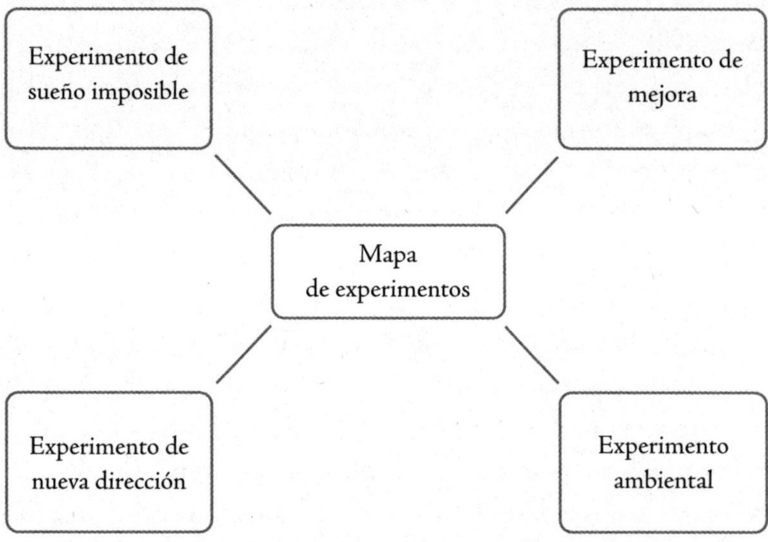

Experimento tipo uno: Experimento de mejora

Este tipo de experimento busca mejorar tu situación actual y hacerla más satisfactoria. Por ejemplo, si estás pensando en tu carrera profesional, esto podría significar encontrar la manera de que tu trabajo actual encaje mejor contigo. Tus experiencias destacadas y de contraste te darán muchas pistas sobre cómo lograrlo. Puedes buscar maneras de cambiar aspectos de tu rol actual para que se parezcan más a tus experiencias destacadas. Por otro lado, también puedes encontrar formas de minimizar o eliminar aquellas cosas que reflejan tus experiencias de contraste.

Por ejemplo, si tus experiencias destacadas te muestran que disfrutas ayudando a otros a desarrollarse, puedes preguntar a tu jefe si hay oportunidades para ayudar a capacitar a nuevos empleados o becarios. O, si te asignan trabajar con un cliente que te resulta especialmente difícil, pero tienes un compañero que conecta mejor con él, podrías proponer un intercambio de tareas. Si eres padre o madre que se dedica al hogar, podrías experimentar con maneras de mejorar el modo en que gestionas esa dinámica, como buscar oportunidades regulares para interactuar con otros padres o reservar un momento de la semana para algo que te revitalice, como una práctica restaurativa o un proyecto que sea importante para ti. Naturalmente, no todo en tu situación actual se puede cambiar, por lo que en este tipo de experimento estás probando hasta qué punto puedes ajustar ciertos elementos y cómo esos cambios afectan tu experiencia. Algunas categorías de cambios que podrías considerar incluyen establecer mejores límites, modificar las responsabilidades de tu rol si tienes la posibilidad de hacerlo, cambiar con quién te relacionas y cómo distribuyes tu tiempo, y reducir las situaciones que más te desgastan.

El beneficio de los experimentos de mejora es que se basan en lo que ya conoces y te permiten buscar cambios positivos que, por lo general, generan menos disrupción en tu vida. En algunos casos, estos experimentos marcan una gran diferencia, mejorando tu experiencia para que se ajuste a lo que buscas. En otros casos, pueden confirmar que es necesario explorar una opción diferente.

Experimento tipo dos: Experimento ambiental

Este tipo de experimento mantiene lo que ya haces, pero lo traslada a un entorno nuevo, como otra organización, empresa, espacio, o incluso un departamento diferente dentro de tu compañía actual. Por ejemplo, si eres ingeniera y te sientes aislada por ser la única mujer en tu empresa, podrías comenzar a buscar firmas fundadas por mujeres o aquellas con mayor representación. Otra posibilidad sería cambiar de departamento dentro de la misma empresa porque hay un equipo con el que disfrutas trabajar o que realiza tareas más alineadas con tus experiencias destacadas. En un contexto personal, podría significar dejar un rol de voluntariado que se ha vuelto agotador y buscar otros espacios donde invertir tu tiempo.

Los experimentos ambientales suelen implicar mayores transiciones que los experimentos de mejora, ya que cambiar el entorno general suele causar más disrupción en la vida; sin embargo, son una buena forma de conservar algunos elementos familiares mientras te diriges hacia algo nuevo que potencialmente puede encajar mejor contigo. Una pregunta clave que este tipo de experimentos puede ayudarte a responder es: ¿detesto esta situación, rol o actividad en sí, o simplemente no me gusta en este contexto específico?

Esto es importante porque el entorno influye enormemente en tu experiencia de cualquier rol. Es similar a buscar un lugar donde vivir. Si estás buscando casa, considerarás aspectos como el número de habitaciones y baños, pero también cómo es el vecindario y el entorno. Estos factores ambientales son los que puedes analizar en este tipo de experimento.

A veces, cuando las personas no están satisfechas con su situación actual, son muy afectadas por factores del entorno pero subestiman su impacto y no le dan la importancia que merece. El lugar donde vives puede ser igual de importante que la casa en sí, o incluso más. Esto es especialmente relevante si estás saliendo de un entorno tóxico. En ese caso, encontrar el ambiente adecuado podría ser especialmente importante, incluso si implica hacer concesiones en otros aspectos.

También es importante no suponer que una mala experiencia en un entorno significa que todas las situaciones serán iguales. Algunas personas, tras haber estado en un ambiente pobre o poco alineado con ellas, creen que todos los lugares serán igual de malos y piensan: "Ningún trabajo será perfecto, así que mejor me quedo en este, aunque sea terrible". Este es el extremo opuesto de pensar que el césped es más verde al otro lado de la valla. Como la experiencia anterior fue negativa, asumimos que el césped está seco y muerto en todas partes. Por supuesto, ninguna organización o situación es perfecta, pero en distintos entornos, empresas u organizaciones, las cosas pueden ser diferentes. Y, como tú también eres único, la manera en que esos aspectos te afectan variará. Aquí lo que buscamos es un mejor ajuste, y a veces un cambio de entorno puede ser clave en esa ecuación.

Experimento tipo tres: Experimento de nueva dirección

Estos son los experimentos en los que exploras caminos que han pasado por tu mente, pero en los que no tienes mucha experiencia previa. Quizás has pensado: "Siempre he querido saber si me gustaría tener mi propio negocio de galletas" o "Tal vez me gustaría dedicarme al diseño, aunque estudié antropología en la universidad".

Normalmente, cuando las personas tienen estas ideas suelen parecerles tan alejadas de su realidad actual que llegan a resultar un poco intimidantes. Si eres profesor, por ejemplo, no te convertirás en diseñador de UI/UX de la noche a la mañana sin varios pasos intermedios, por lo que es fácil descartar la idea al ver todo el trabajo necesario para hacer un cambio tan grande. Sin embargo, si defines la idea como un experimento, puedes diseñar pequeños pasos iniciales para explorarla sin sentir la presión de haber llegado ya a la meta.

Experimento tipo cuatro: Experimento de sueño imposible

Los experimentos de sueño imposible son aquellos deseos que parecen casi inalcanzables. Estos suelen percibirse como menos realistas que los otros tres tipos. Me encanta esta categoría y recomiendo encarecidamente incluir al menos un experimento de este tipo como parte de tu mapa, ya que son un método poderoso para revelar deseos profundos que tal vez no habías reconocido. Los sueños imposibles merecen tu atención y podrían tener mucho que decir acerca de lo que realmente quieres.

He conocido personas que sueñan con viajar por el mundo, abrir un refugio para animales, vivir en una comunidad significativa, volver a estudiar la carrera que siempre quisieron, o muchas otras aspiraciones maravillosas. Mi consejo es nunca descartarlos de inmediato porque, hace mucho tiempo, mi propio sueño imposible era tener mi propio negocio y escribir un libro, y he visto a muchas personas hacer realidad sus propios sueños. Pero, incluso si el experimento de sueño imposible no te lleva exactamente allí, reflexionar sobre cómo sería puede revelarte información valiosa sobre lo que realmente deseas, lo cual puede ayudarte a dar los siguientes pasos con mayor claridad o despertar ideas que merecen tu atención.

Crear un mapa de experimentos te permite concebir y diseñar pruebas que transforman la curiosidad en claridad. Este mapa te muestra por dónde podrías comenzar a tomar acción para comprender mejor tus deseos y dar pasos que te ayuden a descubrir cómo pueden tomar forma en tu vida. Recuerda: la acción conduce a la claridad.

NO HAY EXPERIMENTOS FALLIDOS

Cuando mis hijos eran pequeños, su escuela primaria organizaba cada año una feria de ciencias en la que los alumnos creaban un experimento científico de su elección y presentaban lo que habían aprendido a su clase. Siempre era divertido ver los temas que escogían, como la velocidad a la que podía correr el perro de la familia en comparación con un humano, qué diseño de avión de papel volaba más lejos, y qué ocurría con las plantas que se regaban con leche y jugo de naranja en lugar de agua. Mi amiga, que ayudaba a organizar la feria, es una científica e ingeniera brillante, y le encantaba recordarles a los niños que un experimento que no sale como se esperaba *no* es un fracaso, porque aun así enseña mucho. Les ayudaba a entender que los experimentos deben probar o refutar una hipótesis inicial, y que ambos tipos de resultados son importantes en el proceso de aprendizaje y descubrimiento científico.

Siempre me ha encantado su manera de pensar, y te invito a adoptar la misma mentalidad a la hora de experimentar con tus deseos. Algunos experimentos que hagas saldrán muy bien.

Confirmarán tu forma de pensar y tal vez incluso resulten mejor de lo planeado. Otros no saldrán como esperabas. Puede que "fallen", y eso también es maravilloso. La belleza del proceso experimental es que todo es aprendizaje. Éxitos y fracasos, resultados positivos y no tan positivos; todos tienen algo que enseñarnos. Lo importante es centrarse en lo que revelan los experimentos, aprender lo máximo posible de ellos, y seguir adelante con el proceso. En la siguiente etapa hablaremos aún más en profundidad sobre los resultados de tus experimentos y construiremos a partir de sus enseñanzas. Sin importar el resultado, cada experimento de tu mapa tiene el potencial de mostrarte algo crucial sobre cómo tus deseos están tomando forma en tu vida.

REFLEXIONA

CREA UN MAPA DE EXPERIMENTOS

Para crear tu mapa de experimentos usaremos el proceso de mapa mental. Si no estás familiarizado con él, se trata de una manera de organizar tus ideas visualmente, agrupando pensamientos, ideas, reflexiones o preguntas en torno a un tema común. Es una herramienta organizada y a la vez creativa para comenzar a diseñar tus experimentos. El mapa mental te permite visualizar lo que estás pensando y trabajando, además de ayudar a generar más ideas creativas a medida que ves y manipulas diferentes pensamientos y próximos pasos. Me encanta usar los mapas mentales como herramienta para dar espacio a la posibilidad, la curiosidad y las opciones.

Algunos consejos prácticos: la belleza de un mapa mental es que puede contener muchas ideas diferentes, así que siéntete libre de escribir lo que se te ocurra. Más adelante ordenarás y decidirás hacia dónde quieres ir, pero al principio deja fluir tus

EJEMPLO DE MAPA DE EXPERIMENTOS

Experimento de mejora

Experimento de sueño imposible 1

Experimento ambiental 1

Mapa de experimentos

Experimento de sueño imposible 2

Experimento de nueva dirección

Experimento ambiental 2

ideas sin preocuparte demasiado por editarlas. Me gusta el método tradicional de papel y pluma; algunos estudios muestran que esto puede activar diferentes rutas en el cerebro. Pero también hay muchas herramientas digitales disponibles, y yo misma las uso. He utilizado una llamada Coggle, y me gusta mucho. Algunos de mis clientes prefieren Miro. El propósito de este ejercicio es hacer fluir las ideas. No estás comprometiéndote con nada aún, así que cuando tengas dudas, escríbelo. Más adelante podrás editar tu mapa.

PASO UNO: IDENTIFICA EXPERIMENTOS

Crea un mapa con un rectángulo para cada categoría diferente de experimento que estés considerando e identifica cada tipo (mejora, ambiental, nueva dirección, y sueño imposible). Si hay un tipo de experimento que no se aplica a ti, puedes omitirlo. También puedes crear más de un experimento de cada tipo. La idea es inspirarte y ayudarte a comenzar, no hacerte sentir limitado, así que siéntete libre para hacer que funcione para ti y para tu proceso.

A continuación se muestra un ejemplo de cómo sería si alguien quisiera incluir un experimento de mejora, dos experimentos ambientales, un experimento de nueva dirección y dos experimentos de sueño imposible. Este ejemplo está enfocado principalmente en la carrera profesional, pero por supuesto que este proceso también puede aplicarse a experimentos personales.

Tras haber identificado los tipos de experimentos que quieres incluir en tu mapa, asigna un nombre a la idea específica que estás considerando para cada uno. En el paso dos definirás los

EJEMPLO DE MAPA DE EXPERIMENTOS

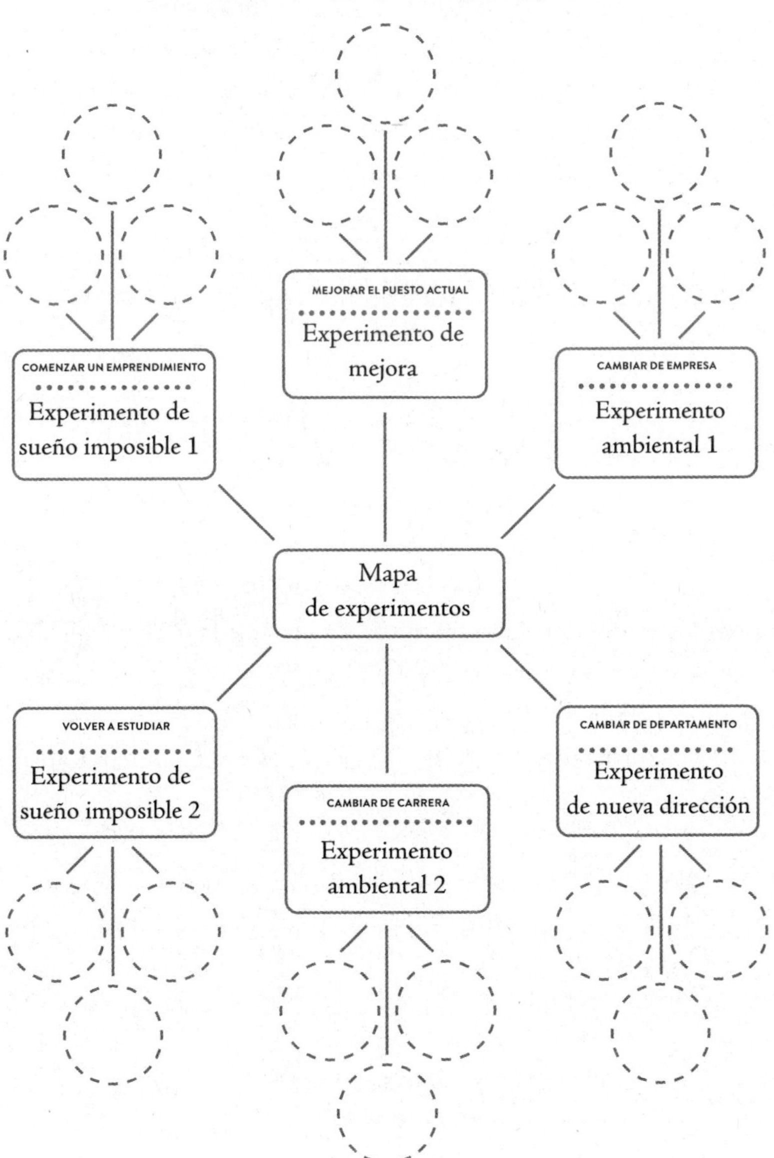

próximos pasos prácticos para avanzar, pero por ahora, simplemente identifica los tipos de experimentos y dibuja círculos para la cantidad de experimentos que incluirás.

En este ejemplo, la persona quiere explorar cómo mejorar su puesto actual, cambiar de departamento o de empresa para desempeñar un rol similar, explorar un campo nuevo, y considerar dos sueños imposibles: volver a estudiar o iniciar un proyecto paralelo que pueda convertirse en un negocio.

PASO DOS: GENERA IDEAS PARA LOS PRÓXIMOS PASOS

Ahora, toma cada círculo individualmente y hazte la siguiente pregunta: ¿cuál sería tu plan si estuvieras comprometido con esto al cien por ciento? De nuevo, no significa que estés comprometido todavía, así que todo esto sigue siendo una hipótesis. Pero desafiarte a pensar en aplicaciones reales te ayudará a hacer estos experimentos más concretos y a generar la mayor cantidad posible de ideas prácticas. Tres es solo un punto de partida; puedes incluir más círculos si tienes más ideas.

Haz que tu plan hipotético sea específico respondiendo preguntas como:

¿Qué pasos tangibles podrías dar para hacer esto realidad?
Piensa en las diferentes ideas que vengan a tu mente.
¿Qué preguntas tienes?
¿Con quién podrías hablar para aprender más o conectarte con otras personas?
¿Qué habilidades necesitarías aprender?
¿Qué clase de cosas investigarías?

EJEMPLO DE MAPA DE EXPERIMENTOS

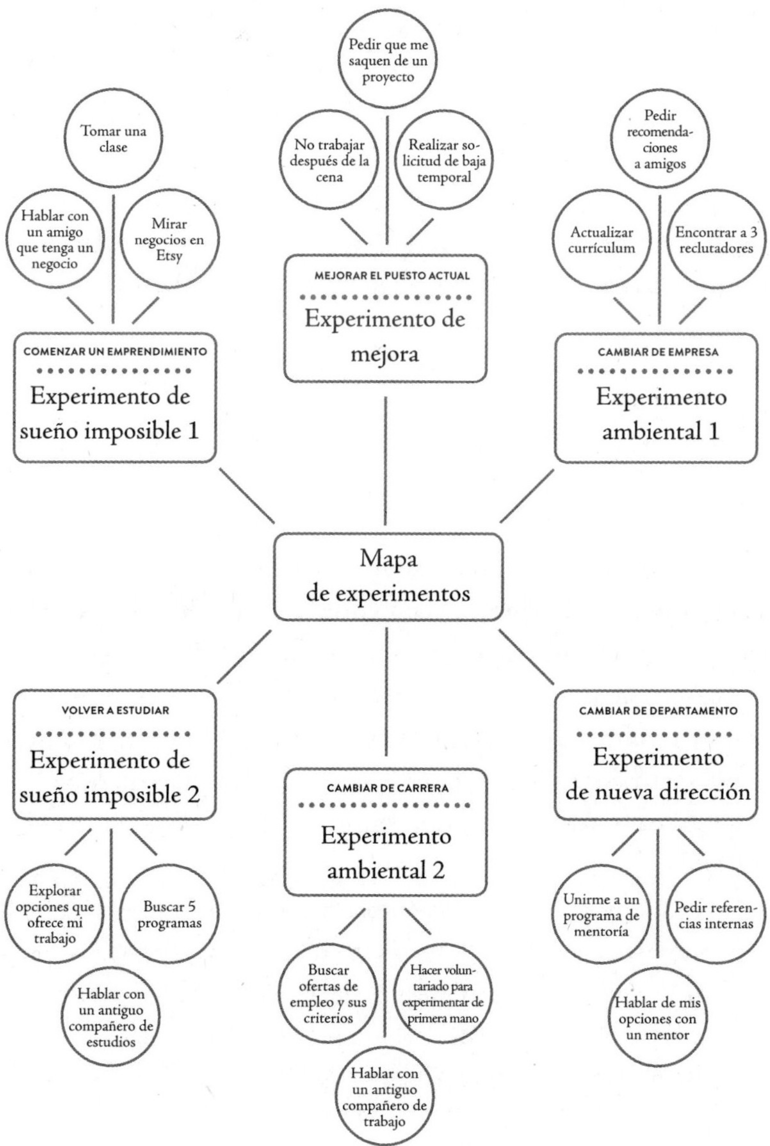

El objetivo es concretar ideas prácticas que puedan ayudarte a comenzar. Déjate llevar por la creatividad y escribe lo que se te ocurra. Si disfrutas hacer lluvias de ideas, esta parte del ejercicio te gustará. Si no es tu fuerte y sientes que te abruma, no pasa nada. Siéntete libre para aprovechar esta oportunidad para pedir ayuda. Puedes invitar a un amigo (sobre todo si le gusta generar ideas) y pedirle que te ayude a explorar posibilidades y formular preguntas.

En la siguiente página hay un ejemplo de uno de estos mapas mentales. Observa que cada tipo de experimento tiene distintos pasos de acción posibles para explorar cómo podría ser esa opción.

PASO TRES: DECIDE QUÉ EXPERIMENTOS LLEVARÁS A CABO

Cuando hayas completado tu mapa de experimentos, da un paso atrás y obsérvalo en su conjunto. Revisa lo que has escrito y marca o resalta los pasos que te generan más entusiasmo y motivación. ¿Sientes mayor emoción por algún paso en particular? Por otro lado, ¿hay algunas ideas o experimentos que no te resultan atractivos? Tal vez haya toda una categoría de experimentos que no te interese en este momento y prefieras dejarla para más adelante.

Ahora es un buen momento para regresar a las preguntas que anotaste en tu estacionamiento de preguntas en el capítulo 3. Esas preguntas, ¿te dan nuevas ideas sobre los próximos pasos a seguir, o cambian en qué área quieres enfocarte más? A veces, esas preguntas aún deben permanecer en el estacionamiento, así que no sientas que tienes que resolverlas todas de inmediato; sin embargo, algunas pueden darte ideas sobre cómo abordar tus experimentos.

Después de analizar tu mapa en su conjunto, elige de tres a cinco próximos pasos concretos que puedas probar en el próximo mes aproximadamente (es solo una sugerencia; puedes hacer más o menos experimentos y elegir un marco de tiempo que sea viable para ti). Pero recuerda que los pasos deben ser tan pequeños como necesites para que sean accionables. Aquí tienes un ejemplo de cómo podría ser en este punto:

Ejemplo de plan de Experimentación:

1. Mejorar el puesto actual (mejora): enfoque en establecer un límite más claro para terminar la jornada laboral y dejar de trabajar después de la cena. Observar si esto cambia la experiencia en el puesto actual.

2. Explorar un campo nuevo (nueva dirección): hablar con un antiguo colega. Enviarle antes una lista de preguntas sobre su experiencia. Preguntarle si conoce a otras personas con quienes podrías conversar.

3. Explorar un campo nuevo (nueva dirección): buscar ofertas de empleo y crear un documento para rastrear qué tipo de criterios y calificaciones podrían ser necesarias.

4. Cambiar de empresa (ambiental): actualizar el currículum y preguntar a cinco o diez personas de la red de contactos si estarían dispuestas a compartirlo.

5. Volver a estudiar (sueño imposible): investigar cinco programas y universidades que podrían ser de interés. Anotar cualquier pregunta sobre cada una de ellas. Preguntar a amigos si conocen a alguien que haya realizado esos programas.

Después de completar este paso, deberías tener una serie de pasos de acción que te resulten los más viables y motivadores. Estos son los experimentos de tu feria de ciencias, los que vas a realizar para ver qué sucede. Si en algún momento necesitas hacer cambios, añadir ideas o eliminar alguna opción, siéntete libre de regresar a tu mapa y ajustarlo. Tu mapa debe evolucionar contigo y con tu proceso.

En la siguiente etapa exploraremos los resultados de tus experimentos y construiremos sobre lo que aprendas de ellos.

7

CUARTO PASO: INTEGRACIÓN

INVITACIONES, DECEPCIÓN, Y LO BUENO DE QUERER ALGO

En mis primeros años como *coach* guiando a las personas a través del camino de la alineación auténtica, la primera versión solo tenía tres etapas y terminaba con la experimentación. En mi pensamiento original, el trabajo que hacíamos en esas tres etapas (calibración, expansión y experimentación) era suficiente. Pensé que, si las personas hacían ese trabajo y sabían cuáles eran sus próximos pasos, tendrían todo lo que necesitaban.

Me di cuenta del error en esta suposición cuando Alex me contactó unos meses después de que termináramos nuestras sesiones de *coaching*. Durante nuestro trabajo juntos, ella estaba en plena transición de carrera después de haber experimentado agotamiento en su antiguo empleo, y tuvimos grandes conversaciones sobre calibración, expansión y experimentación en su vida. Al principio, estaba emocionada por lo que había aprendido sobre sí misma y sobre lo que quería, pero ahora sentía que el proceso no iba bien y, sintiéndose desanimada y con ganas de rendirse, me llamó.

Cuando conversamos y escuché más sobre su experiencia desde la última vez que nos vimos, me alegré mucho de poder ayudarla a salir de la parálisis; además, esto me permitió darme cuenta de que había pasado por alto una parte esencial del proceso.

Hacer realidad los deseos siempre es un nuevo desafío. Puedes planear unas vacaciones increíbles, pero no es lo mismo que cuando ya te subes en el auto. La buena noticia es que estás avanzando, pero como nunca puedes predecir del todo lo que ocurrirá cuando des el primer paso, es crucial saber adaptarse, hacer ajustes en el camino, y responder a los imprevistos para encontrar la mejor manera de seguir adelante.

No basta con saber qué experimentos quieres realizar; también es fundamental entender cómo leer y responder a los resultados cuando las cosas se vuelven reales. Hay que ser capaz de integrar hipótesis y resultados. Comprender lo que sucede en tus experimentos es esencial para decidir cómo responder a ellos. Un científico que diseña experimentos pero no aprende a interpretar los resultados no será muy bueno en su trabajo.

Cuando hablé con Alex, me contó lo que había estado observando en su vida. Me dijo que había llevado a cabo varios experimentos y que había descartado una opción que no era la adecuada para ella. Estaba contenta por ello. Estaba más segura que nunca de que necesitaba un nuevo capítulo en su carrera profesional, y todos sus experimentos confirmaban esa idea; sin embargo, como todavía no tenía una oferta de trabajo, interpretó eso como una señal de que estaba fracasando y concluyó que el proceso iba mal. Se sentía desanimada.

Mientras hablábamos, escuché con atención y le señalé muchos ejemplos de cosas que había hecho con valentía e iniciativa, acciones que valía la pena celebrar y de las que debía sentirse orgullosa. Comenzó a ver lo que había pasado por alto, y dijo: "Pensé que todo estaba saliendo mal, pero ahora me doy cuenta de cuántas cosas buenas están ocurriendo y que necesito seguir adelante con el proceso. Supongo que sí me siento un poco orgullosa de mí misma". Unas semanas después, me envió un mensaje para contarme que había encontrado una oportunidad perfecta para ella y que estaba emocionada por avisar en su antiguo trabajo y dar el salto, fortalecida por todo el trabajo que había hecho para comprender lo que realmente quería.

A partir de mi experiencia con Alex y con otras personas en situaciones similares, aprendí que esta parte del proceso tiene sus propios desafíos debido a dos realidades interconectadas. Primero, los resultados no se interpretan solos. Segundo, hacer que tus deseos cobren vida depende de tu capacidad para interpretar y responder bien a las invitaciones que provienen de esos resultados.

REALIDAD UNO: *LOS RESULTADOS NO SE INTERPRETAN SOLOS*

Cuando suponemos que los resultados se interpretan solos, tendemos a verlos de manera demasiado simplista: como buenos o malos; como si todo estuviera saliendo bien o mal; en blanco y negro. Para Alex, el hecho de no haber conseguido todavía un nuevo trabajo significaba automáticamente que todo iba mal. Entiendo por qué se sintió así. Aunque era difícil no tener un nuevo trabajo todavía, integrar sus deseos con los resultados reales requería mucha más perspectiva que la que había conseguido con su primera interpretación. Si no nos detenemos a interpretar los resultados de nuestros experimentos de manera adecuada, corremos el riesgo de malinterpretar lo que dicen los datos. Esto puede hacer que pasemos por alto descubrimientos importantes, que abandonemos el proceso demasiado temprano, o que hagamos suposiciones incorrectas, lo cual dificultará nuestra capacidad de ser resilientes y de hacer realidad nuestros deseos.

Aprende a separar el resultado en sí mismo de la interpretación que harás de él. No son lo mismo. Los resultados son solamente un punto de partida. La manera en que les damos sentido es una realidad relacionada pero distinta. Alex pensó que la única forma posible de interpretar el hecho de no haber recibido todavía una oferta de trabajo era considerarlo un fracaso, cuando la realidad era que había dado muchos pasos de crecimiento importantes, había avanzado, y había logrado cosas que valía la pena celebrar.

La antigua parábola taoísta "Sai Weng perdió su caballo" habla sobre los resultados y cómo los interpretamos. La famosa historia cuenta que un campesino pobre perdió un caballo, y todos los vecinos le dijeron: "Vaya, qué mala suerte". El campesino respondió: "Tal vez". Poco después, el caballo regresó trayendo otro caballo con él, y los vecinos dijeron: "¡Qué buena suerte!". A lo que el campesino respondió nuevamente: "Tal vez". Al día siguiente, el hijo del campesino estaba intentando domar al nuevo caballo cuando cayó y se rompió la pierna. Los vecinos volvieron a decir: "Vaya, qué mala suerte". Estoy seguro de que ya sabías que el campesino respondió una vez más: "Tal vez". Poco después, el emperador declaró la guerra contra una nación vecina y reclutó a todos los jóvenes para luchar; sin embargo, el hijo del campesino no pudo ser reclutado debido a su lesión y se salvó. De nuevo, el campesino se abstuvo de interpretar los eventos que habían ocurrido en su vida. Y la historia continúa.[1]

El objetivo de esta historia no es enfrentar los resultados de nuestras decisiones con indiferencia, sino recordar que los resultados por sí solos no tienen una única interpretación. El significado de los eventos proviene, en parte, de cómo los vemos e interpretamos, y a veces nuestra primera impresión no es necesariamente la mejor. Se necesita práctica, habilidad y experiencia para ver los resultados con la perspectiva necesaria para permitir que nuestros deseos guíen nuestro crecimiento.

REALIDAD DOS: *DAR VIDA A NUESTROS DESEOS DEPENDE DE SABER INTERPRETAR BIEN LOS RESULTADOS*

Cada resultado, ya sea que nuestra reacción inmediata sea considerarlo bueno o malo, nos invita a aprender, reflexionar y responder de maneras que nos ayuden a crecer, mantenernos en el proceso de nuestros deseos y, en última instancia, crear alineación. El éxito y el fracaso, en el sentido tradicional, significan mucho menos que entender que los resultados que encuentras pueden ayudarte a dar pasos hacia tus deseos y tu bienestar.

En el béisbol, los jugadores identifican los lanzamientos para ser mejores bateadores. Su efectividad en el plato aumenta significativamente si saben identificar qué tipo de lanzamiento viene hacia ellos y ajustar su *swing* en consecuencia. En promedio, un jugador tiene 0.2 segundos o menos para decidir si va a batear un lanzamiento entrante y cómo lo hará. Cuanto mejor pueda identificar un lanzamiento en ese pequeño intervalo de tiempo, más probable será que haga un buen contacto y llegue a la base. Si identifica mal un lanzamiento o hace *swing* cuando no debería, será mucho menos exitoso. Podría hacer *swing* a lanzamientos que no estaban en la zona de *strike,* perder el equilibrio por un lanzamiento de velocidad reducida, o perder oportunidades de aprovechar lanzamientos favorables.

Cuando entendemos que los resultados no se interpretan solos, pero que podemos aprender a interpretarlos con intencionalidad y práctica, esto nos permite ser como el bateador en el plato con la mejor respuesta a lo que se le presenta. En la etapa de integración, la pregunta principal es: ¿cuál es la invitación que te hace la voluntad con respecto a tus deseos? Saber cómo puedes ejercer voluntad en medio de los lanzamientos impredecibles que llegan a tu camino es lo que te ayuda a crear una integración significativa entre lo que quieres y cómo puedes hacerlo realidad.

Aunque nada puede avisarte de todos los posibles resultados que encontrarás, la integración te enseña a leer los resultados que experimentes y, lo más importante, a ver las invitaciones dentro de ellos para que puedas responder de maneras conscientes y generar impulso dentro de tus deseos. Los resultados no son necesariamente finales; generalmente contienen invitaciones a los siguientes pasos y a continuar experimentando. Tu trabajo en esta etapa es identificar esas invitaciones para que puedas integrar tus deseos con tu realidad.

Hay cinco tipos comunes de invitaciones que veo en esta etapa. Ser capaz de identificarlas en tu vida te ayudará a aprender de tus experimentos y avanzar hacia tus objetivos. Como el bateador en el plato, cuando descubras cómo identificar y responder a estas invitaciones, aumentarás significativamente tu porcentaje de éxito.

Invitación a celebrar

Cuando NaKhia anunció que había iniciado su negocio, me alegré mucho por ella. Era algo que la había escuchado expresar como un deseo fuerte desde hacía tiempo; ella había estado dando pasos constantes hacia esa meta, y había llegado el momento de lanzarse oficialmente. En la primera semana, ya había conseguido varios clientes y se sentía con energía y entusiasmo. Era realmente increíble. Cuando el resultado es un gran momento como el de NaKhia, es una invitación a celebrar.

Pero esto no significa que deberías esperar solamente a los momentos más importantes o dramáticos para hacerlo. La mayoría de nosotros tenemos un margen muy reducido de lo que consideramos digno de celebración, y cualquier cosa fuera de eso no nos llama la atención. Los hitos importantes son estupendos, pero no son lo único que vale la pena celebrar.

En cambio, ¿qué pasaría si aprendieras a celebrar cada logro? Los grandes y los pequeños. Los momentos en los que recibiste una oferta de trabajo, cuando hiciste el viaje de tus sueños, o cuando finalmente lanzaste tu negocio. Pero también los momentos en los que recibiste comentarios sinceros y positivos de alguien, diste un paso pequeño pero tangible hacia una meta, o descubriste algo que te da alegría. Tomar esos momentos para sentirte orgulloso de ti mismo honra todo el proceso, no solo los destinos más brillantes y grandiosos.

Para NaKhia, el lanzamiento fue un momento extraordinario; pero fue igual de importante celebrar los pequeños pasos de constancia que tuvo antes en el proceso, como mantener su diario de ideas, definir cómo quería trabajar con las personas, inscribirse en una clase de negocios, y muchos otros momentos en los que experimentó con su deseo de ser emprendedora. Todo eso también importaba. Cuando se trata del valiente trabajo de dar vida a tus deseos, nada es demasiado pequeño como para una pequeña celebración.

Cuando no nos aferramos a lo positivo y no celebramos en el camino, nos hacemos un flaco favor. Cuando buscamos progreso, crecimiento, y pequeñas maneras de celebrar y ser agradecidos, nuestro cerebro comienza a buscar más maneras en las que la abundancia está apareciendo en nuestras vidas. Así que celébralo todo. Recuérdate a ti mismo que nada es demasiado grande o demasiado pequeño. Haz un gran festejo de los hitos importantes, pero no esperes hasta que lleguen para celebrar, porque la mejor manera de llegar a esos grandes momentos es a través de los pequeños pasos.

Si no sabes por dónde empezar, permíteme darte algunas razones para celebrar ahora mismo: estás aquí. Estás haciendo preguntas excelentes que algunas personas nunca llegan a hacer. Estás dando pasos activos para aprender a escuchar tus deseos, y si entiendes e implementas aunque sea solo una o dos cosas que sean útiles y prácticas, eso es muy importante. Las pequeñas cosas suman.

Invitación a seguir adelante

A veces la invitación es a seguir adelante, ser paciente, y no abandonar prematuramente tu proceso. Esto es lo que sucede cuando tienes deseos fuertes, pero no estás viendo que la realidad los refleje de una manera satisfactoria todavía. Esto fue lo que le pasó a Alex. Tenía más convicción que nunca de que estaba lista para un nuevo trabajo, pero aún no había ocurrido.

Estaba haciendo mucho esfuerzo enviando solicitudes, e incluso hubo un puesto que parecía prometedor, pero no se concretó. En lugar de rendirse, aprendió a verlo como una invitación a seguir adelante e incorporar nuevos pasos.

Esto es especialmente importante cuando se trata de deseos y resultados sobre los que tienes un control limitado. Alex solo podía controlar hasta cierto punto. Podía hacer contactos, buscar oportunidades, y optimizar su perfil de LinkedIn, pero no podía obligar a los empleadores potenciales a responderle o a ofrecerle un trabajo. Sin embargo, cuando te estás moviendo hacia lo que deseas, a veces la invitación es a seguir adelante.

Mi parque favorito cerca de donde vivo está diseñado como un centro natural con senderos y espacios de reunión comunitaria, y aunque es inusual para la mayoría de los parques públicos, utiliza tanto plantas ornamentales como comestibles en su diseño. Debido a esto, hay una variedad de frutas y verduras, como naranjas, limones, hierbas de todo tipo, aguacates, una higuera, e incluso bok choy (col china) cultivado en acuaponía que los visitantes pueden probar cuando la temporada lo permite. En una sección del parque hay un grupo de arbustos de moras. Cada año, el personal del parque coloca un gran cartel junto a las moras advirtiendo a los visitantes que no las confundan con frambuesas, recogiéndolas antes de tiempo: "Estas son moras, no frambuesas. Por favor, no las recojas hasta que estén maduras". El crecimiento puede tomar tiempo, tanto con la fruta como con nuestros deseos. Si esta es la invitación que estás sintiendo, recuerda que a veces lo mejor que puedes hacer es seguir adelante.

Invitación a interactuar con la decepción

En momentos en nuestro camino enfrentaremos decepciones. Me gustaría decir lo contrario, pero la realidad es que no todos nuestros deseos se harán realidad, y eso duele. Para empeorar las cosas, la decepción se vuelve aún más difícil porque no nos han enseñado bien cómo manejarla. Por eso, a veces vivir negando lo que queremos parece una opción mejor que arriesgarnos a sentirnos defraudados. Pero, cuando tratamos de evitar la decepción a toda costa, pasamos por alto el hecho de que no tiene por qué ser el final de la historia, y en realidad podemos aprender maneras de mantenernos conectados con nuestra capacidad de acción en medio de la decepción, en lugar de quedar paralizados por el miedo a ella.

En el rechazo para el puesto de vicepresidente, no fui en busca de la decepción, pero apareció en mi vida de modo inevitable. Y aunque no era algo que hubiera elegido para mí, esa etapa me enseñó que la decepción no es el enemigo. Es dolorosa, pero no tiene por qué tener la última palabra.

Si aprendes a manejar la decepción, desarrollarás una habilidad valiosa para integrar tus deseos con la realidad. Si te propones el objetivo de volverte excelente en procesar la decepción de manera saludable, aumentarás drásticamente tu capacidad para manejar esta parte crucial del proceso. No estoy diciendo que debas fingir que disfrutas algo tan doloroso, pero si aprendes a gestionar bien la decepción, podría convertirse en una de tus mejores herramientas para dar vida a tus deseos.

Después del rechazo del trabajo, un mentor me dio el mejor consejo que he recibido sobre cómo manejar la decepción. Él había sido una de las personas que me animaron a presentarme en primer lugar, y su apoyo significaba mucho para mí. Cuando le dije que estaba atravesando un momento difícil y que buscaba otro punto de vista sobre la experiencia, me pidió que reflexionara sobre una pregunta que me sorprendió.

La pregunta que me hizo fue: ¿qué es exactamente lo que más querías de ese puesto? Me recomendó que pensara en lo que me entusiasmaba y que fuera lo más detallada posible. Fue una nueva manera de ver las cosas: no solo considerar mi deseo por el trabajo en sí, en lo que me había enfocado por completo, sino también los deseos subyacentes que me habían hecho sentir tanta ilusión por ese puesto, lo que realmente creía que quería de él.

Su pregunta me llevó a reflexionar más a fondo sobre todo el entusiasmo que tenía por el trabajo, y escribí una lista de los aspectos que me parecían más motivadores.

Esto es lo que incluía mi lista:

1. Quiero algo nuevo. Quiero un nuevo desafío, y aunque suene extraño, quiero sentirme fuera de mi zona de confort, obligarme a aprender mucho y crecer rápido. Estoy cansada de sentirme estancada.

2. Quiero un mayor alcance. Me motiva la idea de pensar en una escala más grande de la que estoy acostumbrada y de adoptar una perspectiva más amplia.

3. Quiero trabajar junto a líderes e invertir en ellos. Quiero colaborar de cerca con líderes a quienes respeto, que están haciendo un gran trabajo. Quiero contribuir a su crecimiento, ayudarles a prosperar y hacer que se sientan respaldados.

4. Quiero ganar más dinero. Después de estar mucho tiempo cobrando menos de lo que debería, quiero poder mantener a

mi familia. No entré en el sector sin fines de lucro para hacerme rica rápidamente, pero la situación actual se está volviendo insostenible, y no podemos seguir así.

Este ejercicio me ayudó a darme cuenta de que el puesto de vicepresidente podría haber satisfecho estos deseos, pero ese rol en particular no era la única manera de obtener esas cosas. Separar los deseos en sí mismos de un único medio para alcanzarlos fue una idea revolucionaria. Claramente, el trabajo que quería no era una opción, pero eso no significaba que todos esos deseos subyacentes tuvieran que morir también. Podía buscar y crear otras maneras de aprender, ampliar mi visión, desarrollar líderes y aumentar mis ingresos. Podía buscar concretamente maneras de poder avanzar basada en mis propios recursos, sin tener que esperar a que alguien más me diera la oportunidad de hacerlo. Este cambio de mentalidad fue un cambio sencillo, pero me sorprendió ver que el trabajo era solo un medio entre muchos otros. Eso me dio la perspectiva necesaria para buscar otros caminos que fueran igual de satisfactorios, o incluso más. Sentí un gran alivio al darme cuenta de que, aunque el puesto que quería ya no era una opción, la alineación con mis deseos más profundos seguía estando disponible para mí.

Este cambio de paradigma me hizo ver la decepción de otra manera. No era el fin de la historia. Era una parte del proceso cuando me enfocaba en alinear mis deseos como el verdadero objetivo. Por más dolorosa que fuera (a veces casi insoportable), la decepción me proporcionó un reflejo claro de lo que realmente quería. Soy la última en minimizar el dolor que causa la decepción, pero sé que puedes sanarlo y permitir que sea un motor en tu vida para alcanzar lo que realmente deseas. Muchos permitimos que el miedo a la decepción nos corte las alas y nos impida soñar, pero no tiene por qué ser así. No dejes que el miedo a la decepción borre tus deseos ni en quién te estás convirtiendo a través de ellos.

Ningún ser humano ha conseguido todo lo que ha querido. Probablemente, tú no serás el primero. La decepción es inevitable, pero está en tu poder aprender a enfocarla de una manera que te sea más útil. Puede sonar extraño plantearse el objetivo de ser realmente bueno gestionando la decepción, pero creo que para muchos de nosotros sería un antes y un después en nuestras vidas.

Invitación a soltar lo que no se alinea

A veces, descubres que ya no quieres algo que pensabas que sí querías. Puede que las puertas se cierren y estés en paz con ello. Puede que tus experiencias te hayan demostrado que una situación que creías que te llenaría de energía en realidad te agota. A veces, la invitación es a soltar un deseo que no se alinea realmente contigo. Pienso en uno de mis clientes que en un momento creyó que quería trabajar en finanzas, pero después de una serie de experiencias, se dio cuenta de que no era para él. Hay momentos en los que debes preguntarte si tu deseo ha cambiado y, si la respuesta es sí, felicidades, has descubierto algo que no es para ti. Ese también es un descubrimiento importante. Puedes alegrarte de soltarlo.

Sin embargo, un pequeño matiz: presta atención a por qué ya no lo quieres. Si tu brújula interna te dice que te está alejando de la mejor versión de ti mismo, es una excelente razón para soltarlo. Pero si lo que sientes es inseguridad, miedo, o la creencia de que no eres capaz, tal vez no sea una buena razón para renunciar, y te invito a regresar a tus preguntas secundarias y quedarte con el deseo un poco más.

A veces te sorprenderás de las cosas que necesitas soltar. Esto suele ser una buena señal porque significa que estás tomando riesgos, experimentando, actuando y prestando atención a los resultados. Saber qué no es para ti es tan valioso como saber qué sí lo es. Esta invitación es una parte fundamental del proceso. Cuando tengas claro que quieres soltar algo que no está alineado contigo, recuerda que eso también es motivo de celebración. A veces hace falta descubrir a qué decir no antes de poder discernir lo que realmente quieres.

Invitación al duelo

A veces, ninguna de estas invitaciones aplica: llegamos al punto en el que no hay caminos para seguir ni razones para celebrar. En ocasiones, enfrentamos resultados que van más allá de la liberación o la decepción. La invitación al duelo llega cuando lo que queríamos no es lo que hemos recibido y duele.

El capellán de hospital J.S. Park ha acompañado a innumerables personas mientras enfrentaban el dolor por la pérdida de la salud o de seres queridos. En su libro *As Long as You Need: Permission to Grieve* [Mientras lo necesites: Permiso para llorar], dice lo siguiente: "El duelo es la voz de lo que se ha ido. No solo de las personas que perdemos, sino de sueños que no se realizaron, dignidad que ha sido maltratada, cuadros de fotos vacíos. Se puede intentar enterrar ese tipo de cosas. Lo entiendo. Yo también lo he intentado. Parece mucho más fácil cortarlas de raíz o desecharlas, o meterlas todas en una caja y cerrarla a la fuerza. Pero cuanto más intentas enterrar el duelo, más exige ser escuchado. Cuanto más niegas lo que la pérdida significó para ti, más te desvaneces tú mismo".[2] Recibir la invitación al duelo es ser invitado a estar presente entendiendo el significado de la pérdida y la plenitud de todo lo que conlleva.

Decir adiós a personas, esperanzas y deseos no es fácil, pero es sagrado, y todos recorreremos este valle en algún momento de nuestras vidas. Si estás pasando por esto ahora, espero que puedas adentrarte en ello y saber que no estás solo.

Integración hacia la alineación

En la calibración nos enfocamos en lo que te hace sentir vivo. En la expansión aprendimos a pensar más allá de los límites para generar una imaginación que fomente la abundancia. En la experimentación comenzamos a construir maneras de dar pasos y ver las posibles opciones más claramente. En la integración comenzamos a unir todo eso para prestar atención a lo que realmente se alinea contigo o no. A veces esto sucede rápidamente, y otras veces toma más tiempo. Como este trabajo es algo interno, evoluciona con las diferentes etapas de tu vida. No eres una máquina; eres un ser humano en crecimiento que está creando espacio para convertirse en alguien que pueda albergar el conocimiento intensamente hermoso y mágico de los deseos que están destinados a habitar en tu vida.

En esta etapa, lo más importante es seguir prestando atención a lo que tu brújula interior te dice. Observa qué personas, lugares, contextos y posibilidades se convierten en tus experiencias destacadas y cuáles se convierten en experiencias de contraste. Crea una alineación genuina abriendo las invitaciones que son para ti y observando qué sucede cuando lo haces.

Es un cliché recordarte que confíes en el proceso, pero creo que es porque es verdad. Tu alineación calibrada, expandida, probada e integrada es un todo hermoso que continuará emergiendo con el tiempo. Sigue adelante, suelta lo que no es para ti, maneja la decepción, haz duelo, y celebra en cada parte del desarrollo de tu vida.

+ + +

Cuando conocí a Sam, él disfrutaba de su carrera en tecnología, pero estaba tratando de descubrir qué hacer ahora. Lo habían ascendido a un puesto de líder de equipo, pero no tardó mucho en darse cuenta de que eso no encajaba con él, y lo dejó debido al impacto que estaba teniendo sobre su vida. Sam sabía que ese puesto no era adecuado para él, pero tenía muchas más preguntas sobre el significado de todo ello. ¿Sería que no encajaría en ningún puesto de líder de equipo? ¿O solo era este en particular? ¿Qué parte del desajuste era específico de esta situación y qué parte tenía que ver con la forma en que él estaba diseñado? Estaba haciendo muchas preguntas importantes sobre cómo interpretar esta experiencia, barajar sus opciones y avanzar.

Las cosas se aclararon a medida que trabajamos en los procesos de calibración, expansión y experimentación. Cuando integró esos conocimientos e invitaciones, comenzó a encontrar puestos que se ajustaban mejor a todo lo que estaba aprendiendo sobre sí mismo. Finalmente, sus experimentos lo llevaron a encontrar un nuevo puesto dentro de la misma empresa; se sintió lleno de energía y motivado por un rol que lo desafiaba a aprender, dándole la oportunidad de seguir desarrollándose profesionalmente. Estaba entusiasmado con este cambio y con el equipo con el que trabajaría, y tenía en mente futuros experimentos para las preguntas sin respuesta en las que aún estaba pensando.

Me alegró mucho escuchar cómo la integración había creado impulso en la vida de Sam, y su experiencia en el camino me llamó la atención. Él dijo: "Me encanta este proceso porque no solo me ayudó a entender por qué me estaba quedando atascado y qué hacer al respecto en el presente, sino que también sé que puedo volver a estas etapas cada vez que lo necesite en el futuro".

Espero que este camino te encuentre dondequiera que estés en este momento, y que sepas que puedes regresar a él cada vez que te sientas atascado, estés en una encrucijada, o te enfrentes a los nuevos escenarios y preguntas que te esperan. Tu capacidad para transitar por el camino crecerá contigo y se volverá más refinada, ayudándote a seguir aprendiendo quién eres y qué quieres. Una alineación significativa crece orgánicamente a través de un proceso único que está calibrado para ti, es expansivo en su pensamiento, experimental e integrado con lo que tus verdaderos deseos están diciendo. A medida que continúas en tu viaje, recuerda que la sabiduría que has descubierto está a tu lado y que hay más cada vez que la necesites.

REFLEXIONA

REGISTRO DE RESULTADOS

Esta reflexión está diseñada para ayudarte a procesar los resultados de tus experimentos y tu proceso. Está pensada para hacerse mensualmente, permitiéndote leer y responder a estos resultados con el tiempo. Si un mes te parece demasiado frecuente o no lo suficientemente frecuente, puedes ajustar el ritmo para hacer esto con más o menos regularidad dependiendo de lo que funcione mejor para ti. Lo importante es regresar a este ejercicio de manera constante, construyendo el hábito de escuchar las invitaciones y las lecciones de tus experimentos. Puedes usar la tabla en la página siguiente, los espacios en las páginas siguientes, o una hoja de papel aparte para registrar tus pensamientos.

REGISTRO MENSUAL DE RESULTADOS

Resultado	Calibración	Invitación	Respuesta

RESULTADO

Mirando atrás en el último mes, ¿cuáles fueron algunos de los resultados más importantes o memorables que has visto mientras experimentabas con tus deseos? Enuméralos individualmente en la primera columna.

CALIBRACIÓN

Compara y contrasta los resultados que estás viendo ahora con tus experiencias destacadas (los momentos en los que te sentiste más vivo y con energía) y experiencias de contraste (los momentos en los que te sentiste agotado y sin energía) de las que hablamos en el capítulo 4. Puedes revisar la pregunta de reflexión de ese capítulo si quieres refrescar tu memoria sobre esas experiencias.

¿En qué se parecen o diferencian estos resultados actuales de tus experiencias destacadas?

¿En qué se parecen o diferencian estos resultados actuales de tus experiencias de contraste?

¿Dirías que este resultado se siente más como una experiencia destacada, una experiencia de contraste o una mezcla de ambas? ¿Por qué crees que es así?

INVITACIÓN

Basado en tus pensamientos sobre cómo este resultado se compara con las experiencias destacadas y de contraste en tu vida, ¿cuál es la invitación que crees que se esconde dentro de este resultado (por ejemplo, celebrar, seguir adelante, interactuar con la decepción, soltar, hacer duelo, u otra cosa)?

RESPUESTA

¿Qué próximo paso (o pasos) puedes dar en respuesta a esta invitación?

¿Te sientes atascado de alguna manera o necesitas ayuda y apoyo para dar este paso?

Recuerda que la integración es donde tus deseos se vuelven realidad. Es importante ser constante en el proceso de dar pasos, y aún más importante detenerse y aprender de los avances. Ten en cuenta que, cuando estás en esta etapa, probablemente lo estás haciendo mucho mejor de lo que crees. Siéntete orgulloso de ti mismo por cada paso que sigas dando. Sin importar cuál sea el resultado, aprenderás a entrelazar tus deseos con la realidad de tu vida.

PARTE 3

INERCIA, MISTERIO Y ALINEACIÓN

8

EL CÓMO DEL ESTABLECIMIENTO DE METAS BASADAS EN LOS DESEOS

Comenzamos en el capítulo 1 hablando de la niebla del deseo y de la sensación de no tener una buena respuesta a la pregunta de qué es lo que quieres realmente. El camino de la alineación auténtica te ayuda a examinar tu vida para que puedas responder a esa pregunta de manera sincera. Este proceso suele ser crucial cuando enfrentas una transición importante, pero estar más profundamente conectado con el poder de tus deseos no tiene por qué ser únicamente para esas decisiones que cambian tu vida.

Incluso después de que la niebla del deseo se disipe, la magia de saber lo que quieres puede seguir guiándote e inspirando tu vida. Cuando puedes conectar la calibración, la expansión, la experimentación y la integración en tu vida con las cosas que quieres que sucedan hoy, este mes o este año, puedes experimentar la sabiduría de tus deseos en la temporada en la que te encuentras.

Esto nos lleva a una conversación necesaria sobre el establecimiento de metas. Argumentaría que las metas, así como la creación y búsqueda de ellas, son un área de nuestras vidas que puede beneficiarse de ver a nuestros deseos como amigos sabios que pueden ayudarnos. Saber realmente lo que quieres debería cambiar tu enfoque de manera dinámica e impactante hacia los distintos tipos de metas que encontramos en la vida.

Existen muchos libros, artículos, *podcast,* consejos, trucos y recomendaciones generales sobre cómo establecer metas, pero sigo sintiendo que hay espacio para hablar sobre ellas, especialmente sobre mejores prácticas para abordarlas que las formas tradicionales de establecer metas. Un ejemplo con el que la mayoría hemos tenido experiencia es hacer propósitos de Año Nuevo.

Nos gusten o no, la mayoría hemos intentado cumplir propósitos de Año Nuevo en algún momento de nuestras vidas, pero no podemos decir que hayan marcado una gran diferencia; a menudo no nos cambian, y como mucho tal vez nos dejan un poco más frustrados y desencantados. He aquí la prueba: si le preguntaras a tus amigos sobre sus propósitos de Año Nuevo en cualquier momento después de enero, ¿qué tipo de reacciones crees que obtendrías? Tal vez tengas amigos que aman este tipo de resoluciones, pero más a menudo es probable que la respuesta sea irritación. Hablar de propósitos es como pedirle a la gente que piense en sus fracasos al establecer metas. El ciclo nos resulta familiar. Es estupendo cuando estamos ilusionados y llenos de esperanza, mirando el lienzo en blanco de un nuevo año. Pero cuando ese sentimiento desaparece, a menudo sorprendentemente pronto, regresamos al punto de partida, sin estar más cerca de nuestras metas, y luego se espera que lo intentemos otra vez el próximo año.

Las investigaciones muestran que las resoluciones de Año Nuevo son especialmente insostenibles y se olvidan rápidamente cuando llega febrero. Según los estudios, solo el 9 % de los estadounidenses que hacen resoluciones las cumplen. Esperaba que la cifra fuera baja, pero tampoco tanto. Esto significa que el 91 % de nosotros fracasa en algo que todavía se acepta universalmente como una de las prácticas más populares de establecimiento de metas. Según los estudios, el 23 % de las personas abandona sus resoluciones al final de la primera semana y el 43 % lo hace antes de que termine enero.[1] Incluso hay fechas no oficiales que marcan la ocasión. El "Día de abandonar los propósitos de Año Nuevo" es el 17 de enero, y el segundo viernes de enero se llama "Día del abandono". Considerando todo esto, quizás sea más asombroso que sigamos intentando hacer propósitos de Año Nuevo que el hecho de que inevitablemente fracasen.

Pero supongamos que quieres construir intencionalmente una vida que te ayude a prosperar, y que tus opciones sean seguir metas de una manera tremendamente ineficaz o abandonar por completo el establecimiento de metas. Ninguna opción suena estupenda, pero a veces parece que no hay más con lo que trabajar.

Por eso es importante recordar que hay más de una manera de crear una meta, y no todas las metas se crean igual. No estás pidiendo demasiado si piensas que una meta debería ser más que algo inalcanzable y que debilite tu moral. Normalmente usamos la palabra *meta* para referirnos a muchas cosas diferentes, y necesitamos ser más específicos y reflexivos sobre cómo funcionan y cómo no funcionan en las condiciones reales de la vida. También necesitamos tener mejores conversaciones sobre cómo podemos abordar las metas con más libertad y creatividad dentro de las realidades de ser humanos que interactúan con otros humanos, en lugar de luchar solos.

Cuando las metas no funcionan bien, la mayoría de las personas suponen que es porque les falta disciplina, fuerza de voluntad, autocontrol o pura determinación. Muchas personas me hablan del juicio que sienten hacia sí mismas por su falta de disciplina. Incluso personas que objetivamente han logrado muchas cosas lamentan con regularidad sus fallos en la autodisciplina. Creo que es importante cuestionar de dónde viene esa experiencia y por qué tantos de nosotros tenemos esta idea sobre nosotros mismos.

Disciplina puede ser una palabra que nos haga sentir mal sobre quiénes somos y cómo vivimos nuestra vida. Sin embargo, el significado original de la raíz latina de *disciplina* es simplemente "enseñar" o "aprender". Me encanta esto porque me recuerda que las metas y la disciplina necesaria para perseguirlas son, en esencia, una forma de aprender, con suerte, sobre cómo convertirnos en el tipo de personas que queremos ser. Los enfoques tradicionales del establecimiento de metas a menudo no nos ayudan a recordar esto.

Grace es una madre trabajadora con dos hijos. Tiene poco más de cincuenta años y corre maratones con regularidad, lo cual ya me parece impresionante. Cuando les dijo a sus amigos que estaba pensando en inscribirse en el legendario triatlón Ironman, muchos de ellos se emocionaron por ella y a la vez quedaron impresionados de que estuviera considerando asumir un objetivo como ese.

Como quizás ya sepas, el Ironman es uno de los eventos de resistencia atlética más intensos que puedas imaginar. Consiste en una prueba de natación de 4 kilómetros, un recorrido en bicicleta de 180 kilómetros, y concluye con una carrera de 42 kilómetros, la longitud de un maratón. El evento tiene un límite de tiempo de diecisiete horas, con tiempos de corte para cada etapa. Hace que uno se pregunte en qué estaba pensando la primera persona que ideó esto. "¡Ya sé! Nademos durante dos horas, sigamos con siete horas en bicicleta y terminemos con cinco o seis horas de carrera". Según la World Triathlon Corporation, hay cientos de carreras como esta en todo el mundo, y el lema del Ironman es: *Nada 4 kilómetros. Pedalea 180 kilómetros. Corre 40 kilómetros. ¡Presume el resto de tu vida!* En efecto, las personas que entrenan y llevan el cuerpo humano a estos extremos atléticos se han ganado el derecho a presumir todo lo que quieran.

Grace pasó más de un año entrenando para su primera Ironman mientras recaudaba dinero para llevar agua potable a países en desarrollo. Entrenó en equipo, pasando sus noches y fines de semana en un programa de entrenamiento dividido entre ciclismo, natación y carrera. Requirió una cantidad increíble de trabajo arduo y compromiso llegar a la línea de salida, especialmente porque no encajaba en el molde de un triatleta tradicional del Ironman.

Cuando hablé con Grace, ya había terminado su primera carrera y no había salido como ella quería; sin embargo, ya estaba hablando de comenzar a entrenar para la siguiente. Tenía curiosidad por saber qué diría sobre la experiencia. Cuando le pregunté qué la motiva a competir a este nivel, dijo: "Quiero presionarme a hacer cosas que no creía posibles. Quiero enfrentar mis miedos y aprender a perseguir este objetivo, y disfruto el proceso".

Para los que lo vemos desde afuera, vemos un compromiso increíble, determinación, y esas cosas que típicamente asociamos con tener mucha disciplina. Pero Grace describió su experiencia personal como algo de disfrute, energía, y deseo genuino. Tuvo días difíciles y momentos desafiantes, pero en general, su objetivo de ser una triatleta del Ironman representaba un equilibrio entre desafío y motivación.

Escuchar su historia me hizo preguntarme si Grace había descubierto algo que podría servirnos a todos, aunque no nos interese inscribirnos en la próxima Ironman. ¿Qué hace que disfrutemos de un objetivo desafiante? ¿Qué parte de nuestras ideas tradicionales sobre el establecimiento de objetivos hace que sea más difícil vivir algo como lo que vivía Grace?

El establecimiento de metas tradicional dice que los objetivos son, ante todo, un ejercicio de disciplina que involucra autocontrol individual y un plan rígido e inmutable al que te apegas pase lo que pase. Alcanzar ese objetivo (o no) se convierte en el estándar por el cual se te juzga. Si no lo alcanzas, se te considera perezoso, pero si logras tu objetivo, entonces puedes decir que eres disciplinado. Este marco tan limitado puede hacernos sentir que estamos destinados al fracaso.

En redes sociales pedí a la gente que opinara sobre lo que les hacía pensar o sentir la palabra "metas". Mencioné que me estaba preparando para hablar sobre metas y quería escuchar sus pensamientos, pero no di muchos parámetros para compartir. Quería darles espacio para hablar libremente sobre lo que significaban las metas en sus vidas. ¿Puedes adivinar cuál fue la respuesta más repetida? Fue *terror*.

Cuando experimentamos terror, es una bandera roja que nos advierte que algo está muy desalineado. Usualmente el terror ocurre cuando hay una desconexión entre nuestra realidad interna (lo que sentimos que es verdad en nuestra vida) y las demandas externas que se nos imponen. A menudo, esto puede agravarse por dinámicas de poder si esas demandas externas provienen de alguien que también resulta ser una figura de autoridad. Recuerdo a una persona que me contó su experiencia trabajando en un ambiente tóxico y cómo llegó a temer el simple hecho de ir a trabajar. Al principio, notó que el sentimiento de terror se apoderaba de ella cada domingo en la noche cuando pensaba en regresar a la oficina el lunes en la mañana. Luego, el peso del temor comenzó a caer sobre ella más temprano, el domingo en la mañana, y después el sábado. Llegó al punto en el que terminaba la semana laboral el viernes y ya temía tener que regresar el lunes. Es desgarrador vivir con ese tipo de terror.

Las respuestas reflejaban cómo las metas pueden generar terror en nosotros de manera involuntaria. Las personas expresaron la dificultad de sentir una fuerte desalineación entre ellas mismas y el proceso de establecer objetivos.

> *Siento ansiedad porque creo que necesitaré más disciplina de la que tengo para alcanzar los objetivos.*
> *La palabra* metas *se siente fría e inaccesible.*
> *Siento que tengo que ser un adicto al trabajo para alcanzar metas.*
> *Me siento presionado a alcanzar los objetivos de una manera que no es auténtica para mí ni para el modo en que funciono.*
> *Siento que impone la idea de que no somos lo suficientemente buenos.*
> *Me siento abrumado y presionado.*

No tenemos por qué establecer metas de esta manera. Los objetivos no tienen por qué ser algo que nunca alcanzaremos, algo por lo que dejaremos la piel intentando, o que simplemente abandonaremos. Propongo otro modo. ¿Y si imaginamos maneras más holísticas de interactuar con las metas que tengan en cuenta nuestra humanidad? Creo que sería poderoso aprender a desarrollar objetivos que nos ayuden a convertirnos más en el tipo de personas que queremos ser y a crear una inercia importante en nuestras vidas, tanto individualmente como en lo colectivo. En lugar de conformarnos con el terror, quiero que interactuemos con metas que nos llenen de energía. Porque, ¿y si las metas fueran agradables?

CREAR METAS BASADAS EN LOS DESEOS

Hace unos años atrás, cuando estaba reflexionando sobre qué hacer con el nuevo año y ya sabía que los propósitos convencionales de Año Nuevo no funcionarían para mí, decidí construir metas basadas en el deseo: metas que se basaran solo en lo que realmente quería. Simplemente escribí veinte cosas que quería que sucedieran ese año. Traté de prestar atención, en primer lugar, a por qué quería lograr cada meta. Por ejemplo, una de mis metas era leer veinticinco libros ese año porque quería aprender de autores cuyos puntos de vista valoraba. También establecí una meta empresarial sobre cuánto quería ganar ese año; representaba un gran desafío para mí, pero me motivaba pensar en esa posibilidad. Me dio ideas sobre nuevos riesgos que podía asumir. No alcancé esa meta ese año, pero lo logré al año siguiente cuando la puse nuevamente en la lista. Otras metas eran menos concretas y estaban más relacionadas con la calidad de mi relación conmigo misma, mi vida interior, o mi familia. Me di cuenta de cuán placentero era regresar a estas metas cada mes y, quizás lo más importante, no las sentía como una carga. Me sentía animada, creativa y motivada por las metas que me había propuesto porque cada una de ellas se había formado preguntándome qué era lo que realmente quería en ese año de mi vida.

Cuando compartí acerca de esa experiencia, la gente comenzó a hacerme preguntas sobre cómo hacerlo ellos, así que creé el método tres por cinco para diseñar un año. Se basa simplemente en nombrar tres deseos o intenciones para el año en cinco categorías: valores, balance, relaciones, aprendizaje y resultados. Este método reflejaba la esencia de mi lista de veinte en el sentido de que te pide priorizar lo que realmente deseas en lugar de lo que crees que deberías hacer. Las personas que han probado este método han regresado para decirme que se sintieron inspiradas y sin restricciones. Una persona dijo que normalmente le cuesta establecer objetivos, pero encontró este método revitalizante, y algunas de las cosas que estableció como metas le sorprendieron. Escuchar a la gente hablar sobre cómo esta herramienta les ha ayudado a replantear su proceso de establecimiento de metas me ha producido mucha alegría, y, a partir de sus experiencias, he aprendido que cuando creas metas que se basan en la sabiduría de lo que deseas, las metas pueden ser edificantes, útiles, e incluso buenas.

Crear metas basadas en el deseo te coloca a ti, a tus deseos y a tu experiencia en el centro. Las metas desarrolladas de esta manera existen para ayudarte a generar acción y avanzar hacia lo que realmente quieres. Están destinadas a ser generativas, en lugar de una forma de probar tu valía. Están diseñadas para desafiarte y ayudarte a prosperar, y las metas basadas en el deseo tienden a ser agradables en lugar de aterrorizarte.

Pensar te ayuda a…	Actuar te ayuda a…
Debería	Quiero
Solo disciplina	Una combinación de deseo y disciplina
Los deseos son los enemigos de las metas	Los deseos dan vida a las metas
Establecer y alcanzar metas es un proceso lineal	Crear y alcanzar metas es un proceso dinámico
Tu realidad interna es irrelevante	Tu realidad interna es esencial
El fin justifica los medios	El proceso importa
No alcanzar una meta es un fracaso	No alcanzar una meta es una oportunidad de aprendizaje
Todo o nada	Los ajustes en la dirección en mitad del camino son necesarios

No pretendo hacer como que todas las metas de tu vida pueden ser así o ser siempre agradables. La realidad es que hay metas en nuestras vidas que no creamos ni controlamos nosotros. Esto forma parte de ser adulto. Además, a veces un objetivo que tenemos para nosotros mismos nos resulta absolutamente aterrador, pero ojalá sea un miedo de los buenos. Por lo tanto, no estoy diciendo que tengamos que hacer como que todas las metas son siempre agradables, pero creo que es un problema si nuestra *úni-*

ca experiencia con las metas es el terror y la desconexión. Participar en objetivos centrados en la alineación, nuestro ser creativo y nuestros deseos, puede ser una forma indispensable de recuperar el concepto, la creación y la búsqueda de metas.

Comienza escuchando tus deseos

Esto puede sonar básico, pero tengo que decirlo porque he formado parte de muchísimas reuniones, conversaciones y discusiones sobre establecimiento de metas donde nadie considera los deseos en absoluto. Mientras la gente cree que está hablando de objetivos, en realidad está hablando de tácticas, planes y métricas. La conversación salta a esos temas, pero nadie ha preguntado: "¿Qué queremos que suceda? ¿Cuáles son las cosas que deseamos que surjan de esto y por qué?". Veo esto todo el tiempo, y cuando pregunto a la gente cuáles son sus resultados deseados, la mayoría de las personas se ríen un poco avergonzadas y dicen que no se les ha ocurrido preguntar eso. Es más fácil de lo que parece comenzar a hacer planes y horarios antes de averiguar qué es lo que realmente quieres que ocurra.

Probablemente hayas oído hablar de un popular marco de establecimiento de metas llamado objetivos SMART. SMART significa *specific* (específico), *measurable* (medible), *attainable* (alcanzable), *relevant* (relevante) y *timely* (con límite de tiempo).[2] Por ejemplo, un objetivo de mejorar tu salud podría hacerse más práctico usando los criterios SMART, como comprometerse a caminar después de la cena tres noches por semana durante tres meses. El marco ayuda a que tu objetivo sea alcanzable para que sepas si lo estás haciendo o no. Valoro que la herramienta ayuda a que las metas sean más claras, pero si en primer lugar no piensas cuidadosamente en por qué quieres mejorar tu salud, por qué elegirías una forma de movimiento sobre otra, qué se ajusta a ti, y otras consideraciones basadas en deseos, creo que a esas metas les falta algo importante. ¿Quieres gestionar el estrés, apartar tiempo para un movimiento que realmente disfrutes, o poder seguir teniendo movilidad y estar activo a medida que envejeces?

Antes de saltar a los detalles, los plazos y los pasos de acción, mi pregunta favorita para comenzar cualquier proceso de establecimiento de metas es: "¿Cuáles son los resultados que te gustaría ver?". Nombrar y centrar la emoción del entusiasmo tiene el objetivo de sacar a relucir el deseo, la motivación y hacia dónde se dirige naturalmente tu interés y energía. Esto te ayuda a crear objetivos alineados con lo que quieres. Tener claridad sobre tus deseos desde el principio a menudo ayuda a que los detalles sean más claros.

Kelly estaba trabajando en su programa de posgrado, lo cual no era tarea pequeña porque también trabajaba a tiempo completo con muchas responsabilidades. Quería establecer algunos objetivos en torno a sus estudios, pero cuando pensó en esas metas desde un punto de vista basado en la disciplina, rápidamente se sintió desmotivada y cohibida. Cuando hablamos sobre la pregunta de qué era lo que más quería ver que suceda, Kelly se dio cuenta de que no estaba principalmente motivada por la idea de obtener un título o incluso aprender por el simple hecho de aprender. Estaba más apasionada por poder comunicar y compartir lo que estaba aprendiendo con un equipo de jóvenes líderes de los que era mentora. Tener el espacio para pensar en lo que realmente deseaba le dio la capacidad de soñar con respecto a formas de hacer eso a través de este programa de grado. Expresar ese resultado basado en el deseo desbloqueó para ella objetivos para su tiempo en el posgrado que le resultaban más creativos y divertidos. Cuando estableces metas desde los deseos, ayuda a que sean al mismo tiempo *emocionantes* y *prácticas*. Para que las metas produzcan fruto, necesitas ambos. Puedes comenzar a establecer metas basadas en deseos haciendo esta pregunta simple, pero a menudo pasada por alto: *¿Qué me emociona que ocurra?*

Haz una calibración del establecimiento de metas

Otra manera de establecer metas que fomenten la alineación es aprender de manera intencional sobre tu mejor forma de abordar las metas. En el *coaching* tengo muchas oportunidades para hablar con personas sobre cómo están abordando las metas en sus vidas. Siempre que alguien me dice que está teniendo dificultades para lograr un objetivo que realmente quiere ver realizado, les pregunto: "¿Podrías contarme sobre un momento en el que pudiste alcanzar una meta y también lo hiciste de una manera que te hizo sentir bien?". Los invito a describir lo que hicieron y cómo trabajaron, y a identificar los elementos de una experiencia pasada que más les ayudaron.

Antes de pasar a cualquier pensamiento sobre los siguientes pasos o ideas de cómo proceder, es vital obtener una imagen clara de cómo es estar en su mejor momento con relación a sus metas. Quiero ayudarlos a entender cuándo sintieron eso en el pasado y qué podría aportar esa experiencia anterior a cómo recrear ese impulso en el desafío actual. Por lo general, esto conduce a ideas, percepciones, y siguientes pasos muy diferentes, en lugar de simplemente tratar de pensar en las formas "correctas" de proceder.

Ojalá esto te suene familiar. Es el mismo razonamiento y proceso que usamos en la etapa de calibración cuando reflexionamos sobre experiencias destacadas y de contraste. En este caso, sin embargo, estás buscando pistas sobre cómo abordas las metas que fueron efectivas, agradables y sintonizadas con aquello que te hace único. Esencialmente, esto implica encontrar una experiencia de establecimiento de metas destacada en tu vida para que puedas aprender de ella.

Podrías descubrir preguntas específicas que hiciste que te ayudaron a desbloquear algo importante, ciertos tipos de entornos que te ayudaron más, maneras individuales en las que recibiste apoyo de otros, prácticas inusuales que conectaron con tu enfoque, y motivación u otros detalles distintivos que te den pistas importantes sobre tu estilo personal y enfoque hacia los objetivos. Cuando identificas lo que ha funcionado para ti antes, a menudo encontrarás los mejores caminos para avanzar. Hacer una calibración del establecimiento de metas te permite prestar atención a tus historias y fortalezas únicas, y te ayuda a aprovechar lo mejor de quién eres en lugar de tratar de replicar ineficazmente los métodos de otra persona. El modo en que persigues los objetivos debe ser contextualizado de manera consciente teniendo en cuenta tu vida y tus experiencias.

El ejercicio de reflexión al final de este capítulo te guiará específicamente a ello, y será un muy buen primer paso.

Comprende el papel del deseo y la disciplina en las metas

Por último, entender qué implica una meta te permite abordarla con más creatividad. La mayoría de las metas no son pura disciplina. Tienden a ser una combinación de deseo y disciplina. Ver la interrelación entre estos elementos te da una visión más profunda sobre cómo diseñar y comprometerte con los objetivos de una manera vivificante.

El deseo pone corazón, voluntad y animación a una meta. Es lo que le da vida. La disciplina proporciona forma, estructura y consistencia para que los objetivos se hagan realidad. La disciplina y el deseo desempeñan cada uno un papel necesario en el proceso de creación y mantenimiento de metas. El siguiente diagrama de mezcla de metas describe esta relación.

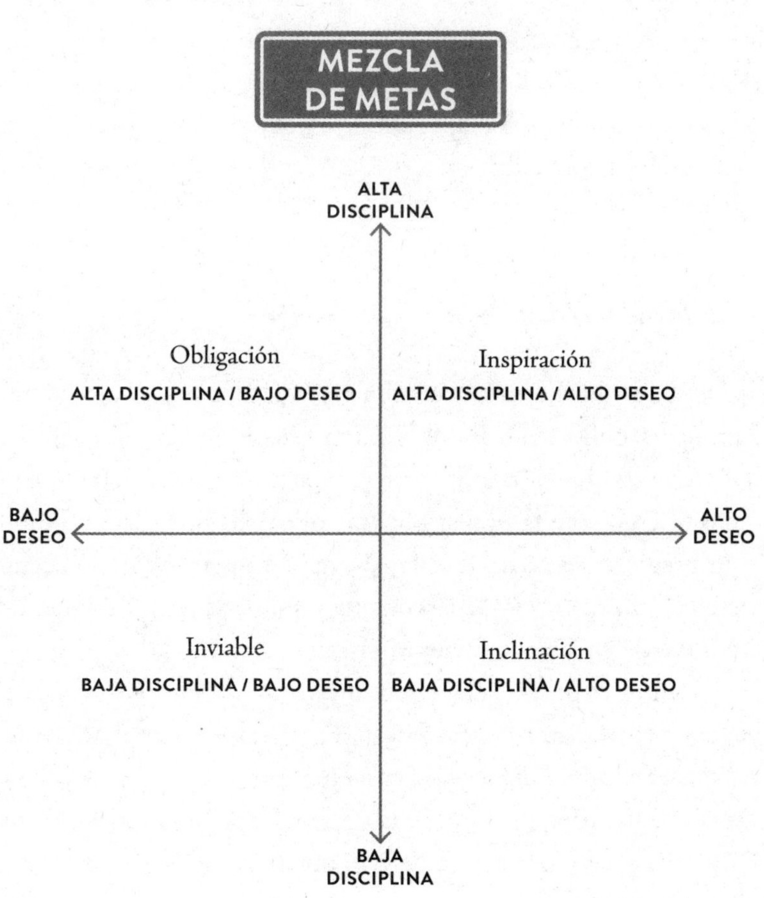

Alta disciplina / Alto deseo = Inspiración

Cuando tanto la disciplina como el deseo son altos, se obtiene inspiración. La inspiración ocurre cuando el deseo se combina con una dosis saludable de disciplina. Cuando experimentas una meta de esta manera, notarás mayores niveles de compromiso, disfrute y excelencia que son mucho más difíciles de alcanzar cuando falta la disciplina o el deseo. Pienso en Grace y la carrera Ironman. Ella tenía un fuerte deseo de entrenar de esa manera y contaba con las rutinas, el apoyo y la estructura para perseguir su meta. Pero, incluso si tus deseos no te llevan a la resistencia atlética de alto nivel, combinar el deseo con una disciplina bien pensada te ayuda a trabajar hacia los objetivos de una manera motivadora y sostenible.

Alta disciplina / Bajo deseo = Obligación

Cuando la disciplina es alta pero el deseo es bajo, el resultado es obligación. La obligación crea metas que se sienten neutrales en el mejor de los casos, y como una carga en el peor. Creo que por eso la mayoría de las personas que respondieron a mi pregunta en redes sociales describieron las metas como un ejercicio de terror. Hablaban de una versión de las metas basada únicamente en la disciplina y sin deseo.

Aunque es poco realista pensar que nunca tendremos objetivos de este tipo en nuestras vidas, puede ser una señal de advertencia si todos tus objetivos están en esta categoría, y te invito a reevaluar tu enfoque si es el caso. La obligación es un hecho de la vida y no se puede evitar, pero lo que sí se puede evitar es una vida construida únicamente sobre este tipo de metas.

REVISIÓN DE METAS

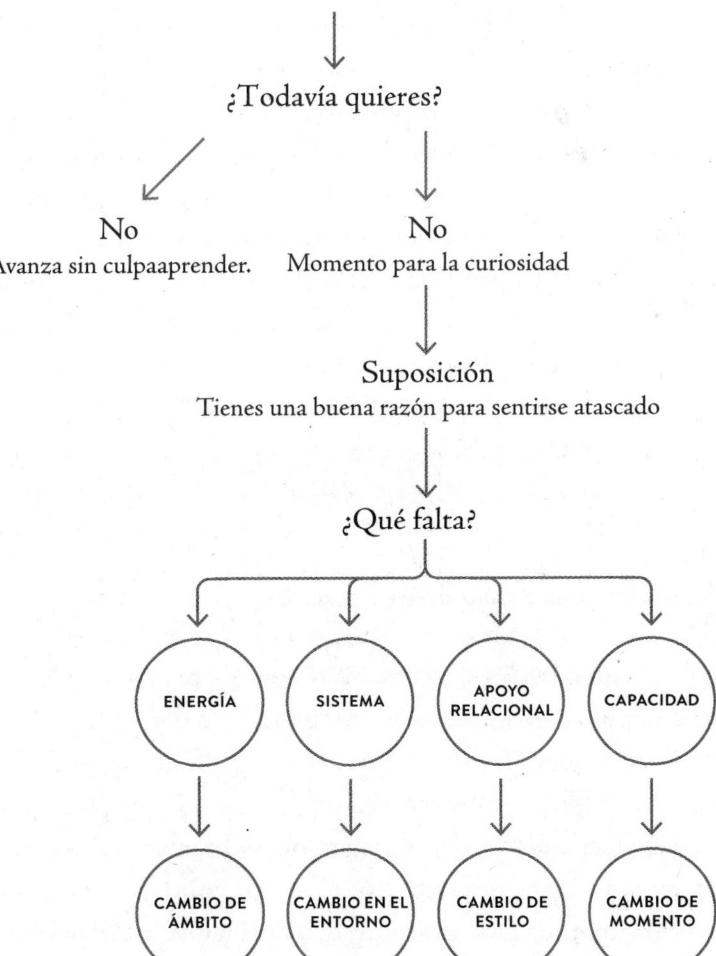

Baja disciplina / Alto deseo = Inclinación

Una disciplina baja con un alto deseo crea inclinación. Es la experiencia que tenemos cuando queremos algo pero no tenemos hábitos, sistemas, planes o apoyo para hacerlo realidad. Podemos tener cierto deseo, pero no hemos creado suficiente estructura a su alrededor.

No todas las inclinaciones tienen que convertirse en inspiración. Por ejemplo, en lo que respecta a los planes de viaje, hay muchos viajes que he querido hacer pero nunca hice, y aun así fue divertido imaginar las posibilidades. Siendo alguien con muchas ideas, probablemente no debería aspirar a que cada inclinación se convierta en un compromiso real. Todos tendremos algunas cosas en este cuadrante, y eso está bien. Pero si notas que tienes un deseo que luchas para hacer realidad, podría ser el momento de considerar cómo la disciplina puede contribuir a tu proceso. No tienes que ir a París, pero si quieres ir, necesitarás algo de disciplina para lograrlo.

Baja disciplina / Bajo deseo = Inviable

Los objetivos que están en este cuadrante no tienen ni deseo ni disciplina. No tienen mucho impulso y se desvanecen después de poco tiempo. Son metas que no llegan a iniciarse. Creo que esto es lo que son los propósitos de Año Nuevo para muchas personas cuando eligen algo que no se basa en su deseo, sino en lo que sienten que deberían estar haciendo o en cómo deberían mejorar. Falta el deseo desde el principio y tampoco crean planes, sistemas, hábitos o apoyo para generar un verdadero impulso. Así que no es sorprendente que este tipo de objetivos no lleguen muy lejos.

Cuando el deseo y la disciplina trabajan juntos, las metas comienzan a sentirse diferente. Son más placenteras y positivas. Están menos motivadas por la culpa y la vergüenza, por lo que regresar a ellas es una experiencia positiva y agradable en lugar de ser una carga.

LAS METAS COMO HERRAMIENTAS DE APRENDIZAJE

En el establecimiento de metas basado en el deseo, las metas, en esencia, son una manera de aprender sobre tus deseos y cómo ponerlos en acción. También son una oportunidad para aprender más sobre ti mismo. Idealmente, te ayudan a escucharte a ti mismo y a hacer ajustes cuando sea necesario. Hacer ajustes a mitad del camino no es un fracaso, es inteligente. La determinación y la perseverancia son esenciales, pero hasta la principal investigadora sobre la determinación, Angela Duckworth, no recomienda aferrarse a metas que no están funcionando o que carecen de un interés o deseo genuino.[3]

Más específicamente, podemos aprender a revisar las metas de una manera que nos ayude a comprometernos con ellas. Por lo general, cuando las personas establecen un objetivo que no están cumpliendo, comienza un ciclo de autocrítica. Se llaman a sí mismas con nombres hirientes como "perezosas" o "indisciplinadas", y luego intentan reunir más fuerza de voluntad para hacer lo que dijeron que harían. Normalmente no funciona muy bien.

Pero la próxima vez que eso suceda y veas que no puedes actuar según una meta que te propusiste, intenta usar esta revisión de objetivos para encontrar diferentes caminos a seguir.

El primer paso es reconocer que te sientes atascado, pero en lugar de castigarte con culpa o juicio, recuerda que esta es solo una información neutral. Te está diciendo algo, pero no supongas que es algo negativo sobre ti o tu carácter, que es la reacción inicial de muchas personas. En su lugar, considéralo como una pieza objetiva de información que te da la oportunidad de ser curioso y aprender.

A continuación, pregúntate si el deseo sigue ahí. Si la respuesta a esa pregunta es no y ya no quieres esa meta o sientes que no encaja contigo, no pasa nada. Podría ser una oportunidad para dejar ir algo que no es para ti. Aprender qué cosas no se alinean contigo también es un conocimiento valioso, como hablamos en el capítulo 7 con los resultados. Sin embargo, si la razón por la que ya no quieres la meta tiene que ver con una de esas preguntas secundarias complicadas, como por ejemplo dudar de que realmente pueda suceder (preguntas pragmáticas), o si piensas que no tienes lo que hace falta tener para lograrlo (preguntas de competencia), entonces te animo a no abandonar la meta de inmediato hasta que hayas trabajado un poco más en ella.

Si la respuesta a la pregunta "¿Todavía quiero perseguir esta meta?" es sí, entonces es momento de profundizar un poco más. Cuando te des cuenta de que realmente quieres perseguir un objetivo pero no lo estás logrando, concédete el beneficio de la duda de que probablemente hay una buena razón por la que estás atascado, y tu tarea es averiguar por qué y qué te gustaría hacer al respecto. A continuación, se presentan algunas razones comunes por las que podrías estar experimentando obstáculos con una meta, así como ideas de qué hacer al respecto. Estas pueden ayudarte a decidir qué quieres intentar a continuación y cómo te gustaría insistir en tu meta basada en el deseo.

Ingrediente faltante: Energía

Si te falta energía, considera un cambio de alcance.

Si el deseo fundamental por la meta sigue ahí, pero notas una falta de energía o motivación para comenzar, considera un cambio en el alcance. A veces, las metas son más abrumadoras de lo necesario porque no hemos jugado con su alcance. Aquí es donde me gusta recordar la belleza de dar un micropaso: hacer que el siguiente paso sea tan pequeño como sea necesario para llevarlo a cabo. Este enfoque simplemente te invita a reducir (y seguir reduciendo) el siguiente paso o dos. Tal vez no sientas que tienes diez semanas para tomar un curso y aprender una nueva habilidad, pero probablemente puedas sacar quince minutos para ver un video en YouTube, o diez minutos para leer un solo artículo. Puedes reducir un siguiente paso tanto como sea necesario para que se sienta manejable. La consistencia a lo largo del tiempo es más importante que el tamaño del siguiente paso.

Cuando estaba aprendiendo a construir un sitio web, me sentí completamente abrumada por todas las piezas necesarias para llevar a cabo un proyecto así: el contenido, los gráficos, el diseño general, por no hablar de aprender a usar una nueva plataforma sin tener conocimientos técnicos. Todo esto, sumado a mucho miedo y ansiedad por el proceso, hacía que fuera muy fácil sentirse paralizado. Pero sabía que necesitaba y quería un sitio web, así que no era un deseo que quisiera dejar de lado.

Durante ese tiempo, me ayudó pensar en el proceso como si tomara mi vitamina diaria: dar un pequeño paso cada vez. Tal vez nadie más lo notara, pero era suficiente para seguir avanzando. No habría podido completar el sitio estableciendo un plazo intenso como terminarlo en un día, pero sí podía dar un paso tras otro. Escribir una sección. Buscar cinco imágenes. Editar una página. Aunque cada paso parecía minúsculo y era tentador verlo como insignificante, hacerlo de manera constante a lo largo del tiempo al final valió la pena. Después de todos esos pequeños pasos había logrado aprender a diseñar y lanzar un sitio web, pero no lo habría conseguido sin no me hubiera permitido reducir el alcance tanto como fuera necesario para que cada paso se sintiera alcanzable. La motivación habla, y si estás dispuesto a ser curioso y escucharla, te dirá muchas cosas. Cuando sientas que te has quedado estancado, tómalo como una señal para revisar el alcance y reducir el tamaño de tu próximo paso hasta que sientas que es tan pequeño que puedes actuar.

Ingrediente faltante: Sistema

Si te falta un sistema, considera un cambio de entorno.

A veces, lo que necesitas es un mejor entorno para comprometerte con tu meta. Tienes el deseo, pero no tienes suficiente apoyo o estructura que te ayude a llegar ahí. Cuando eso sucede, es posible que no tengas las herramientas adecuadas o la configuración necesaria para avanzar. A veces sabes qué paso quieres dar, pero tu entorno lo dificulta. Es ahí cuando puede ser beneficioso echar un vistazo a lo que puedes hacer para cambiar tu sistema y que apoye mejor el progreso hacia tus metas.

Vi un ejemplo de esto cuando escuché un episodio del *podcast* de salud y bienestar llamado *Zoe,* donde un médico describía cómo mantenía el hábito diario de hacer entrenamiento de fuerza en pijama mientras preparaba su café matutino. Esta práctica de cinco minutos es simple, y al estar integrada en sus rutinas, le permite alcanzar su objetivo de una manera sostenible.[4] Uno de mis clientes quería nadar más, así que se inscribió en un gimnasio con piscina cerca de su trabajo. Otra persona me contó que quería ser más intencional con sus finanzas, así que se registró en un servicio de presupuestos para ayudarle con eso. Hay muchas maneras de diseñar tu entorno para brindarte las herramientas, el sistema, y la estructura adecuados para alcanzar tus metas.

Ingrediente faltante: Apoyo relacional

Si te falta apoyo relacional, considera un cambio de estilo.

Como discutimos al principio de este capítulo, es fácil machacarnos a nosotros mismos. Muchas personas creen que la falta de progreso en una meta se debe a falta de disciplina o de carácter. "Se me da mal cumplir con esto". "Soy demasiado perezoso para lograrlo". "No tengo suficiente disciplina". Nuestra cultura individualista refuerza esta mentalidad y nos dice que la única manera de avanzar es tratar de reunir la energía suficiente por nuestra cuenta, pero esta forma de pensar pasa por alto el hecho de que estamos hechos para la conexión y puede que necesitemos buscar apoyo de otras personas.

Por eso me encanta ayudarnos a darnos cuenta de que no tenemos que hacerlo todo por nuestra cuenta. Podemos explorar maneras de colaborar con otros, como asociarnos con alguien más, hablar con alguien para saber su opinión o experiencia, o incluso simplemente trabajar junto a alguien en persona o en línea. Esto es especialmente importante si sabes que sueles hacer mejor tu trabajo en un estilo relacional orientado a la conversación.

Uno de mis clientes habló sobre cuán difícil le resultaba crear un plan estratégico por su cuenta. A solas, se sentaba durante horas y se sentía completamente en blanco cuando se trataba de pensar en redactar un plan. Pero se dio cuenta de que, si llamaban a alguien para hablar al respecto, lo conseguía, lo hacía mejor, y lo disfrutaba mucho más. Incluso cosas que normalmente pensamos que son esfuerzos solitarios pueden ser una oportunidad para recurrir al apoyo relacional. Por eso, si notas que te sientes atascado, una de las mejores maneras de avanzar puede ser pedir ayuda a otras personas en lugar de dar vueltas solo.

Ingrediente faltante: Capacidad

Si te falta capacidad, considera replantear el momento.

Una última categoría por considerar es tu capacidad. A veces hay personas que me dicen que están pasando por una temporada intensa que es particularmente exigente, ya sea que involucre la crianza de los hijos, mudanza a una ciudad diferente, cuidar a padres ancianos, duelo, o cualquier otro periodo de la vida en el que tu capacidad se vea significativamente disminuida. Es importante prestar atención a eso en lugar de fingir que todo sigue como de costumbre.

Si estás experimentando un problema de capacidad pero aún quieres perseguir la meta que has establecido, intenta ajustar el momento de la meta. Una manera de hacer esto es alargar la cantidad de tiempo para permitir un progreso más lento y constante, lo cual podría hacer que la meta sea menos agotadora. Otra posible manera de crear una línea de tiempo diferente es posponer la meta unos meses o hasta una fecha posterior en la que creas que tendrás mayor capacidad. Cuando estaba pasando por el duelo de la pérdida de mi papá, utilicé ambas tácticas alargando la línea de tiempo para algunas metas mientras pausaba otras. A medida que avancé en el proceso de duelo y mi capacidad regresó, pude retomar las metas.

Tener la capacidad de evaluar dónde te estás atascando en tus metas te permite seguir encontrando las mejores maneras de avanzar que se ajusten a tus circunstancias reales y cambiantes.

LAS METAS COMO AUTOCONSCIENCIA

Los enfoques convencionales para establecer metas pueden funcionar para alejar a muchas personas de sí mismas. Las personas desarrollan una mentalidad que las coloca en conflicto con una meta que necesita llevarse a cabo, sin importar el costo para sí mismas. El proceso es impersonal y distante de quienes realmente son. Imaginar de nuevo las metas como maneras creativas y basadas en el deseo de descubrir más sobre nosotros mismos puede ayudar a muchos de nosotros a experimentar las metas como maneras de despertar nuestra creatividad, aprender y experimentar un crecimiento significativo. Las metas pueden convertirse en un modo de involucrarse en un aprendizaje continuo sobre algunas de las mejores y más interesantes preguntas de nuestra vida y entender nuestras formas personalizadas de abordar estas metas.

La forma en que creamos y perseguimos metas debería reflejar lo que realmente queremos. En lugar de ser una experiencia vacía, establecer metas puede ser una oportunidad para conectar con las dinámicas únicas de nuestros deseos y nuestro enfoque hacia las metas. Cuando conoces las maneras en las que tú mejor creas y alcanzas metas, tienes las llaves para desbloquear una autoconsciencia llena de alegría y generar avance en tu vida.

REFLEXIONA

CREAR UNA CALIBRACIÓN PARA ESTABLECER METAS

Esta reflexión te ayudará a utilizar el mismo proceso de calibración (nombrar, identificar, categorizar) que usamos en el capítulo 4 para crear una comprensión de tu enfoque específico hacia las metas. Calibrar de esta manera te ayudará a prestar atención a lo que es más productivo y satisfactorio para ti, y recurrir a tu experiencia vivida te permitirá aprovechar tu estilo único mientras trabajas para alcanzar tus metas actuales y futuras. Este proceso debería resultarte muy familiar porque ya lo has hecho con tus experiencias destacadas y de contraste, y puedes basarte en eso. Puedes hacer referencia a cualquier experiencia destacada o de contraste sobre la que ya hayas reflexionado en la etapa de calibración; sin embargo, encuentro más útil prestar atención a experiencias que sean específicas para crear y mantener metas, por lo que eso podría significar idear nuevos escenarios para tus experiencias destacadas y de contraste que generen una mejor reflexión e ideas únicas sobre el establecimiento de metas.

PASO UNO: NOMBRA TUS EXPERIENCIAS FAVORITAS DE ESTABLECER METAS

Recuerda algunas de tus experiencias favoritas de establecer metas. Presta especial atención a cuando alcanzaste tu meta, es decir, llegaste a donde querías ir *y* disfrutaste el proceso. Es importante buscar ejemplos de tu vida en los que alcanzaste una meta y lo hiciste de una manera realista y fiel a quién eres. Escribe de una a tres experiencias que vengan a tu mente. Pueden ser recientes o de hace tiempo atrás, relacionadas con metas grandes o pequeñas, personales o profesionales; lo que venga a tu mente.

PASO DOS: FÍJATE EN LOS DETALLES DE ESA EXPERIENCIA

Observa qué pasos diste para alcanzar esa meta. Busca detalles específicos sobre tu enfoque (qué hiciste, por qué funcionó, y qué pasos tomaste para alcanzar tu meta). Ningún detalle es demasiado pequeño cuando estás trabajando en la calibración. ¿Hiciste cierto tipo de preguntas? ¿Cómo manejaste el tiempo y los plazos? ¿Trabajaste en esta meta solo o con otras personas? ¿Cómo afectó eso tu experiencia? Toma nota de cualquier detalle relacionado con cómo abordaste, creaste e implementaste esta meta. Es especialmente importante prestar atención a lo que encontraste más motivador o positivo al trabajar en esta meta. ¿Qué la hizo placentera? Todos estos detalles son pistas increíbles sobre el tipo de establecimiento de metas que funciona mejor para ti. No te edites a ti mismo; escribe cualquier detalle que venga a tu mente.

PASO TRES: CATEGORIZA TU ENFOQUE ÚNICO

Finalmente, comienza a categorizar lo que estás encontrando y nombra de tres a cinco claves para tus mejores maneras de crear y sostener metas basadas en el deseo. Sintetiza lo que estás aprendiendo sobre tu estilo para establecer metas, identificando las cosas más útiles que puedes llevar contigo. Resume lo que aprendes sobre tu enfoque único y tus mejores formas de trabajar hacia las metas. Si utilizaste una evaluación de personalidad o una herramienta similar, haz cualquier conexión con esos conocimientos también. Termina identificando algunos próximos pasos que puedas aplicar a tu meta actual.

También puedes repetir este proceso con una experiencia de contraste y buscar las cosas que tienden a ir en contra de tus mejores maneras de perseguir metas, lo cual puede darte otro conjunto de ideas relacionadas pero distintas sobre cómo dar vida a las metas en tu vida.

Esta calibración para establecer metas te ayuda a aprender de las mejores partes de tus experiencias previas estableciendo metas. Cuando hayas identificado las claves únicas de tu estilo y preferencias para establecer metas, podrás aplicarlas a tus metas actuales y futuras.

9

¿Y SI LO QUE QUIERES TAMBIÉN TE QUIERE A TI?

Creo que mis deseos me están acosando. Permíteme explicarme. A lo largo de los años he estado recopilando evidencia que me hace pensar que algo está pasando, pero quiero darte algunas instantáneas de momentos que ocurrieron desde aquel día mágico en la playa, para que me digas qué piensas.

MOMENTO UNO

Seis meses desde el avistamiento de los delfines

Mis mejores amigas Jenny, Erna, Jen y yo nos reunimos para un viaje de fin de semana al menos una vez al año. Si tú también tienes mejores amigas que viven en otras ciudades, sabes cuán valiosas son estas cosas. Esta vez nos quedaremos en una cabaña en Puget Sound, y los alrededores son increíblemente hermosos.

El porche trasero da a un bosque de árboles al borde del agua, como si esperaran meter los pies en ella en cualquier momento.

Jenny, como es de la zona, hace de anfitriona, ha conseguido este hermoso lugar para quedarnos, nos ha recogido del aeropuerto y nos ha abastecido con comida deliciosa. Mientras nos acomodamos, propone que hagamos un ejercicio de reflexión creativa juntas como una de las actividades de la tarde.

Más concretamente, el plan es representar nuestra relación con el patriarcado intentando capturarla en una pintura. Si la idea de pintar el patriarcado te hace rascarte la cabeza y sentirte insegura de lo que eso podría significar, entonces tú y yo compartimos algo porque esa fue mi reacción inmediata. No soy artista visual, y no estoy del todo segura de lo que saldrá de esto, pero aun así estoy dispuesta a intentarlo. En cualquier caso, parece una oportunidad de probar algo fuera de mi zona de confort. Planeamos pasar la tarde pintando y después volver a reunirnos para compartir y discutir lo que hicimos en una especie de exposición de arte creada por nosotras mismas.

Jenny coloca lienzos, pinceles de todos los tamaños, y una variedad de pinturas en tubos de colores brillantes sobre la mesa. También ha traído tijeras, pegamento, y una pila muy grande de revistas para hacer collages y darnos más opciones. Cuando me siento a intentarlo, tomo los materiales de collage porque a pesar de mis buenas intenciones, parecen más adecuados para mis habilidades artísticas casi inexistentes. Recojo las revistas y comienzo a hojear las páginas brillantes. Me tomo mi tiempo para revisarlas, deteniéndome ocasionalmente entre los aromas de las muestras de perfume para recortar imágenes que llaman mi atención. Es bastante relajante.

Después de un rato, he acumulado una pila de imágenes sobre la mesa frente a mí, y parece un buen momento para parar por ahora. Miro mi colección y me fijo en cuán similares son muchas de las imágenes entre sí. Hay mucho verde y específicamente muchas plantas. Plantas en macetas. Un estante con algunas pequeñas suculentas. Un gran árbol en una maceta de terracota frente a una pared con papel tapiz blanco y negro con cuadros estilo búfalo. Luego, mis ojos se posan en una foto que es completamente diferente a las demás. Representa lo que parece un móvil de un velero naranja brillante colgado de modo que parece estar navegando por el aire. Me fijo en todos los colores, formas y patrones de las imágenes y juego con una disposición que me parece adecuada. Miro el reloj y veo que solo me quedan quince minutos antes de que debamos reunirnos para compartir lo que hicimos, así que pienso que debo darme prisa.

Pero siento que algo no está bien y me quedo congelada, todavía sosteniendo el pegamento en la mano. No soy capaz de dar el paso de pegar las imágenes al lienzo. No puedo explicarlo, pero algo en mi intuición no me permite terminar el collage. En cambio, dejo los recortes a un lado y me viene otra idea a la mente. Con el poco tiempo que me queda, tomo un pincel y rápidamente creo una pintura que ni siquiera tiene tiempo de secarse por completo, y eso es lo que llevo al grupo.

Cuando nos reunimos en la sala de estar, Jenny, Jen y Erna muestran sus pinturas y las diferentes imágenes que capturaron de prosperar en medio del patriarcado. La de Erna es floral, brillante y colorida, con la imagen de una hermosa mujer mayor en el centro. Jenny hizo dos pinturas diferentes. Una tiene un tono sombrío y la otra está llena de fluidez y movimiento. La de Jen retrata el océano con tonos profundos de azul y verde. El grupo comenta cada pintura antes de que la artista la explique, para dar a todas la oportunidad de interactuar con lo que el arte les inspira. Y llega el momento de compartir la mía. La levanto.

Mi cuadro es austero y minimalista: ocho pinceladas oscuras y gruesas corren con fuerza a lo largo y ancho del lienzo, casi como una cuadrícula. Dominan, pero junto a ellas intenté añadir algunas pequeñas manchas de color rosa brillante en los espacios intermedios. No logré acertar con el tono y parecen manchas de sangre. Un error que traté de corregir sin éxito se encuentra en la esquina superior derecha, y parece un pequeño rectángulo.

Mis amigas observan lo que hice. Jen dice que le parece hermosa e intensa. Jenny dice que el rectángulo parece una puerta. Erna nota lo gruesas que son las líneas. Alguien dice que le recuerda a una prisión.

Rápidamente me doy cuenta de lo mucho que me veo reflejada en esta estúpida pintura que hice en quince minutos. Es como si la pintura me estuviera pidiendo que admitiera cuán encerrada y pequeña me siento en este momento. Siento algo de vida, pero lo que me rodea se siente como una prisión. Lo que está en el lienzo resume mejor cómo se siente mi alma que cualquier cosa que pueda expresar con palabras. Tengo cuarenta y tantos años; ¿no debería ya saber lo que quiero en la vida? Me siento tentada a estar avergonzada de que mi pintura sea tan sombría, pero sé que mis amigas están en el pozo conmigo. Decido que estoy de acuerdo con Jenny y que el pequeño rectángulo en la esquina es una puerta. Y es hora de usarla. Cuando regreso a casa, me inscribo en una formación de certificación en *coaching* que tendrá lugar en un par de meses.

MOMENTO DOS

Un año y medio desde el avistamiento de los delfines

Estoy conectando con Jessica, una líder estratégica y detallista de una organización sin fines de lucro extraordinaria que provee recursos a mujeres y niñas vulnerables a la explotación al darles caminos sostenibles hacia el empleo. Ella está planeando el retiro anual del equipo y quiere tomar un día para ayudar a su equipo a crecer en autoconsciencia y comunicación, así como obtener herramientas tangibles para avanzar. Quiere saber si me interesaría colaborar con ella para facilitar ese tiempo. No usa estas palabras, pero lo que yo escucho es: "¿Te interesaría pasar un día haciendo algo que es idéntico a tus experiencias destacadas y lo que te hace sentir más viva con un equipo increíblemente talentoso de personas que hacen un trabajo asombroso que se alinea perfectamente con lo que dijiste que querías hacer en tu negocio?". No tardé nada en decir que sí.

Después de la planificación y la preparación, llega el momento del retiro. Mientras estoy sentada en mi puerta de embarque en el aeropuerto, mis ojos se enfocan en la puerta del túnel de abordaje y pienso en la puerta de escape de mi pintura. Mi intuición me dice que estoy a punto de cruzar un umbral divino que es invisible para todos excepto para mí.

El retiro resulta ser incluso mejor de lo que podría haber imaginado. Facilitar el espacio para el aprendizaje, el diálogo y la comprensión con un equipo tan fenomenal es como verter gasolina sobre las chispas de mi vitalidad. Me siento agradecida, satisfecha, y orgullosa de mí misma. Mientras regreso al aeropuerto, pienso en lo mucho que me llena de vida hacer algo para lo que siento que fui hecha. Hasta el día de hoy sigo valorando las oportunidades de colaborar con esta organización increíble y con muchas otras con las que tengo el honor de trabajar.

MOMENTO TRES

Tres años y medio desde el avistamiento de los delfines

Durante lo que se suponía que sería una tarde de domingo tranquila, mi esposo ha perdido algo que necesita con urgencia. Es una unidad de almacenamiento digital de algún tipo, y tiene que encontrar un archivo en ella para un proyecto que va contra reloj. No está en ninguno de los lugares habituales donde típicamente pondría algo así, así que ahora lo estoy ayudando a poner la casa boca abajo para encontrarla. Buscamos en todos los rincones oscuros, cajones aleatorios, y cajas escondidas que no se han tocado en meses, tratando desesperadamente de encontrar esta unidad en una especie de búsqueda del tesoro frenética. Mientras estoy metida hasta los codos en pilas de objetos diversos en el fondo de mi armario, encuentro una pequeña bolsa de papel que contiene un montón de ropa de bebé de mis hijos. Mis hijos ya están grandes, así que hace tiempo que sacamos la mayoría de sus cosas de bebé, pero esta es una pequeña colección de artículos que eran demasiado preciados para desechar.

Cuando meto la mano en la bolsa, siento un trozo de papel doblado con algo dentro. Al sacarlo para mirar más de cerca, me doy cuenta de que es un pequeño montón de imágenes, los recortes que no pude poner en el lienzo aquella tarde en la cabaña. Debí haberlos metido en esta bolsa cuando deshice la maleta y olvidé que estaban ahí. Inmediatamente comienzo a sollozar.

Son lágrimas de duelo, recordando lo mal que me sentía en ese momento de mi vida y lo pesada que era la tristeza y la decepción, como una prisión sobre mí. Son lágrimas de gratitud, al reconocer que ya no estoy en ese lugar, y que se han abierto nuevas puertas que me permiten hacer un trabajo importante que amo. Son lágrimas de revelación, al darme cuenta de que cada deseo que tenía con respecto al cargo de vicepresidencia se ha cumplido, pero de formas sorprendentes que nunca predije. Son lágrimas de reconocimiento al ver que ahora tengo espacio para esos deseos vibrantes y verdes que antes no tenían lugar en el lienzo. Mis deseos habían estado hablando todo el tiempo, y eran muy sabios. Escuché sus susurros, pero no sabía los detalles de cómo inevitablemente llegarían a mí.

Decido que es hora de que estas imágenes tengan un lienzo. Las extiendo todas, lo que me lleva de regreso a la mesa del comedor en la cabaña. Sonrío al ver el velero naranja e imagino que estoy encontrando mi camino a través de esa pequeña puerta de escape. Recuerdo a Jen, quien desde entonces ha fallecido. Ojalá pudiera decirle que mis deseos y yo estamos cobrando vida, y me pregunto qué diría ella. Seis meses después, comienzo a trabajar a tiempo completo en mi negocio con una lista de mis clientes soñados.

MOMENTO CUATRO

Cinco años desde el avistamiento del delfín

Es un día cualquiera entre semana y tengo varias llamadas con clientes, pero me tomo unos minutos antes de la siguiente para revisar el grupo de *Buy Nothing* ("no compres nada") de mi vecindario. Aunque no estoy buscando nada en particular, me gusta ver a las personas de la comunidad dando y recibiendo artículos cotidianos. Me enternece ver a los vecinos apoyándose de esta manera tan simple; es como una pequeña dosis de fe en la humanidad.

Hoy, un vecino acaba de publicar algunas cosas para regalar después de limpiar su garaje, y dejo de hacer *scroll* para mirar más de cerca uno de los artículos que llama mi atención: *Decoración de habitación con velero: un poco polvorienta, pero sigue siendo una pieza genial, tal vez para el cuarto de un niño.* Las fotos debajo de la publicación muestran un móvil de velero naranja brillante. *Qué chistoso,* pienso. *Me recuerda al móvil de velero naranja brillante de mi collage.*

Respondo diciendo que me encantaría tenerlo, y como soy la única interesada, mi vecino me dice que es mío. Cuando suena el timbre más tarde, es su hijo, que lo deja en mi casa como una entrega especial. Lo levanto para mirarlo más de cerca. Es muy hermoso. Está un poco descolorido en algunas zonas, pero aún tiene un tono vibrante y hermoso de naranja que me recuerda a las amapolas silvestres de California. Está desgastado, algunas velas necesitan pegamento en ciertos puntos, y veo el polvo del que habló mi vecino. No podría gustarme más.

Ahora tengo curiosidad por comparar este móvil con el que recuerdo, así que saco el lienzo del almacén para ver qué tan similares son. Mientras saco el collage de entre un montón de papeles, se me cae la mandíbula porque el móvil no solo se parece al que recorté de la revista. Es exactamente el mismo. El móvil que fue fotografiado y publicado en una revista que encontré y recorté hace cinco años atrás es precisamente el que acaba de llegar a mi casa. La imagen bidimensional se volvió real, y lo tengo en mis manos. Inmediatamente le escribo un mensaje a Jenny y Erna: *¡Dios mío, chicas, no van a creer lo que acaba de aparecer en la puerta de mi casa!*

Esta última sincronía es demasiado extraña y coincidente como para no preguntarme por qué siguen ocurriendo estos momentos. Le doy vueltas a esta pregunta, buscando una respuesta satisfactoria.

Pienso en el camino que he recorrido que está lleno de estos momentos. Recuerdo cuando decidí presentarme para el puesto de vicepresidenta. Recuerdo mi experimento de cuarenta días y lo que sentí cuando aparecieron los delfines en la playa. Pienso en cómo treinta y cinco llamadas me hicieron bailar por toda la casa. Considero los deseos específicos que han aparecido una y otra vez en mis cuadernos. Miro todo lo que ha sucedido desde que un rechazo inesperado me obligó a replantearme lo que sabía sobre mis deseos, con toda la decepción, incertidumbre y belleza que traen consigo, y cómo ha formado una telaraña de momentos interconectados para crear esta historia. Me doy cuenta: siempre imaginé que yo estaba persiguiendo mis deseos, pero ahora creo que ellos me están persiguiendo a mí.

Todo este tiempo mis deseos me han estado persiguiendo para crear una alineación divina. Experimento esta alineación profunda cada vez que alguien me dice que le he hecho una pregunta que no había considerado, o que le he dado el espacio seguro, los marcos de referencia y los recursos para crecer. Siento esta alineación cuando el rostro de alguien se ilumina porque entiende su propia historia y experiencias con mayor claridad, y esa comprensión le ayuda a abrazar su capacidad para el bien, la creatividad y el liderazgo. Veo el propósito converger con el deseo cuando personas me cuentan que están tomando decisiones valientes para avanzar hacia lo que realmente quieren. Mis deseos siguen persiguiéndome, una y otra vez, empujándome a creer que mi vitalidad está destinada a despertar la vitalidad en otros.

Creo que así es como funciona, y que lo divino responde a nuestros deseos con bondad, sincronía y abundancia para liberar más magia en el mundo. Nuestros deseos nos persiguen, no solo para que experimentemos magia sino también para que podamos crearla.

La manera en que te presentas en el mundo es una hermosa respuesta a vivir en profunda conexión contigo mismo, tus deseos, y los demás. Cuando nos alineamos con nuestros deseos, nos alineamos con nuestro verdadero yo y nuestro propósito. Escuchar lo que realmente quieres te ayuda a descubrir cómo puedes servir al mundo de una manera única. Te permite ofrecer algo al mundo que es auténtico y dinámico, y es muy, muy bueno para las personas y comunidades que amas. Tus deseos son profundamente personales, pero también son mucho más que eso.

Cuando me inclino a escuchar al universo, oigo un tono recurrente de celebración cuando las personas dan un paso hacia lo que quieren. Detecto las notas repetidas de lo sorprendente, lo inevitable y lo satisfactorio al conocer nuestros deseos y el propósito que nace de ellos. Esto me lleva a preguntar: ¿y si lo que tú quieres en realidad también te quiere a ti? ¿Y si esto es porque el universo está listo para celebrar la magia que solo tú producirás?

Porque, si eso es cierto, cambia la manera en que nos relacionamos con nuestros deseos y las implicaciones para nuestro camino. Cuanto más conscientes seamos de esto a lo largo del camino, más podremos ser la personificación de aquello en lo que nuestros deseos nos están ayudando a llegar a ser.

Si lo que tú quieres en realidad también te quiere a ti, en tus deseos no hay solo decepción sino también abundancia.

Las cosas buenas de nuestros deseos son mucho más duraderas que el rechazo, el desamor y la decepción. Contrariamente a lo que podríamos pensar, los deseos y la decepción no son lo mismo. La decepción es solo un aspecto de lo que significa vivir siendo más fiel a lo que quieres. La abundancia también aumenta y responde a los deseos de tu corazón. La abundancia espera para encontrarte y dar vida a tus deseos de maneras hermosas, holísticas y recíprocas que te cambiarán a ti, a tu comunidad, y a la parte del mundo que estás destinado a tocar.

Aprende a lidiar con la decepción, pero no dejes que se adueñe de tu imaginación. Recuerda que la decepción puede ser una mentora sabia mientras aprendes a relacionarte bien con lo que quieres. Recuerda por qué tus deseos valen la pena. Debes estar dispuesto a dejarte moldear por la misma decepción que hace que la mayoría de la gente abandone sus deseos, y por todo lo que ella genera. La decepción puede ser un precio no deseado que tengas que pagar en el camino, pero no es el destino final.

Si lo que tú quieres en realidad también te quiere a ti, las oportunidades que están destinadas a ser tuyas te encontrarán.

Las oportunidades llegarán a ti. Los caminos se despejarán. Las puertas se abrirán. De hecho, puede que se abran puertas que nunca habías imaginado. Descubrirás opciones, puestos y posibilidades que encajan con tus deseos más profundos.

Mantente abierto a las posibilidades. Confía en que las cosas están abriéndose camino hacia ti de maneras tanto visibles como invisibles. Recuerda que todavía no has visto todo lo que hay por ver, y que el universo es más grande y abundante de lo que imaginas. Haz la pregunta. Corre el riesgo. Inténtalo. Está bien dar el salto y hacer las cosas con miedo. Sé valiente cuando necesites decir no a las cosas que te agotan y te drenan, porque sabes que tus deseos abrirán las oportunidades correctas que han sido hechas para ti.

Si crees que lo que tú quieres en realidad también te quiere a ti, el rechazo es protección.

El rechazo duele, pero cuando crees que tus deseos en realidad también te quieren a ti, aprendes a verlo como una de las formas más elevadas de protección y redirección. Te protege de las cosas a las que hubieras dicho sí pero que te habrían alejado de tu verdadero yo. Te redirige con una sabiduría que aún no tenías.

No necesitas tener una armadura emocional sobrehumana ante el rechazo. Llora y siente todo lo que tengas que sentir, pero recuerda que a veces tus deseos son más sabios que tú mismo con respecto a la alineación, y ellos te protegerán. Recuerda que llegará un día en el futuro en el que mirarás atrás y podrás ver de corazón el rechazo como una bendición en lugar de una maldición por cómo te protegió, ya sea que ese día llegue pronto o no. Cuando llegue, podrás dar las gracias por la bendición del rechazo.

Si crees que lo que tú quieres en realidad también te quiere a ti, las líneas de tiempo no son lineales.

El tiempo es relativo, especialmente cuando se trata de tus deseos. A veces, los deseos aparecerán más rápido de lo que pudiste haber imaginado. Otras veces, mucho más lento. Las líneas de tiempo no siempre serán las que esperas, pero si crees que lo que tú quieres está abriéndose camino hacia ti, puedes confiar en que tus verdaderos deseos cobrarán vida en el momento y lugar adecuados.

El tiempo no es algo que puedas controlar. Solo puedes controlar tus respuestas y tus acciones, dejando ir las preguntas imposibles de responder del cómo y el cuándo. Confía en que tus deseos no son aleatorios, y que sus tiempos están calculados para que sean como deben ser. Ten paciencia cuando tus deseos se demoren un poco. Recuerda que lo más importante es prestar atención a la temporada en la que estás. A veces tu alma vivirá inviernos y silencios, y otras veces será primavera y habrá florecimiento. Aprenderás a distinguir la diferencia. Sé tenaz con los deseos que tienen el mayor poder sobre tu corazón.

Si crees que lo que tú quieres en realidad también te quiere a ti, buscarás la magia en tu propia historia.

Podrías preguntarte si la magia es para ti, o si es solo para otras personas. Podrías suponer que los contratiempos significan que fuiste ingenuo al esperar que pudiera haber algo más en tu historia, y puede parecer que estás solo.

En lugar de eso, ten un ojo atento al asombro, el misterio y la magia cada vez que se presenten en tu vida. No pases por alto las señales que te darán tus deseos. Honra las sincronías y encuentra el significado detrás de ellas. Toma los símbolos en serio, deja que despierten expectativa, escríbelos y sostenlos en tus manos. Escucha y vuelve a escuchar las historias, los estribillos y las letras que se identifican con el conocimiento que hay en ti. Busca los tesoros ocultos en tu propia historia.

LA MAGIA DE SABER LO QUE QUIERES

Si crees que lo que quieres en realidad te quiere a ti, considerarás saber lo que quieres como algo mágico. Su magia te lleva a vivir una vida marcada por la vitalidad, la imaginación, la curiosidad, la voluntad y el propósito. Tus deseos te mostrarán la historia sagrada y hermosa de una vida que estás tejiendo junto a una abundancia profunda y constante, y junto a lo divino.

Comenzamos este libro entendiendo la niebla del deseo, y el trabajo en equipo del propósito y el deseo. Continuamos mirando atentamente quién has sido creado para ser a través de las experiencias destacadas y de contraste que señalan tu brillo único, y trabajamos para descubrir tu vitalidad. Estiramos y expandimos tu capacidad de imaginar y creer que las posibilidades también podían ser para ti. Plantamos esta visión en la tierra de tu vida a través de la experimentación. Identificamos los resultados y las invitaciones que emergen al integrar tu ser, tus deseos y tu historia. Los deseos que has descubierto han sido desenterrados desde una intersección profunda entre el ser y el llegar a ser.

Quiero hacerte una última invitación: a medida que persigas tus deseos, considera la posibilidad de recoger tu propio conjunto de momentos que te hagan sospechar que tus deseos también te están persiguiendo, que las sorpresas aparecerán en tu puerta cuando menos lo esperes, y que verás cómo tu vitalidad aporta al mundo algo que necesitamos. Espero que algún día seas testigo de cómo lo que tú querías en realidad siempre te quiso de vuelta. Cuando estos momentos sucedan en tu vida, tú decides el sentido que quieras darles. Tal vez lo llames coincidencia, pero a mí me gusta llamarlo magia.

Hay magia en tus deseos. Esta magia no implica hechizos, pociones ni varitas, pero es lo que sucede cuando dos tipos de magia chocan: la magia de quién eres y la magia de saber lo que quieres, dando lugar a la magia que aportas al mundo. Cuando esa magia te encuentre y toque a tu puerta será la conclusión sorprendente, inevitable y satisfactoria que estabas buscando todo el tiempo, y lo más importante de todo, será solo el comienzo.

RECONOCIMIENTOS

Amé escribir este libro mucho más de lo que cualquiera merece. Estoy eternamente agradecida por el regalo de esta profunda fuente de alegría a los seres humanos increíbles sin los cuales esto no existiría.

Antes que nada, quiero agradecer a mis clientes y a cada persona que me ha dado el honor de trabajar juntos. Gracias por confiarme tus emociones sinceras, tus preguntas y tus historias hermosas. Es un privilegio ser testigo de cómo cada uno de ustedes aporta luz al mundo, y me inspiran profundamente. Un cálido agradecimiento a quienes generosamente permitieron que partes de su historia fueran incluidas aquí. También quiero ofrecer un reconocimiento especial a quienes formaron parte de los retiros Women Leading y de las cohortes de Authentic Alignment, por ser parte de conversaciones que ayudaron a que estas ideas evolucionaran.

Un agradecimiento sincero a mi agente, Ashley Hong, quien aportó su brillantez poco común, experiencia e impulso a este proyecto desde el primer día. Es un deleite tener cerca su talento especial para las ideas y la palabra escrita, y posee una gracia que hace que trabajar con ella sea alegre y sin esfuerzo. Estuvo presente en los momentos de euforia y de pánico en cada paso del proceso, y le estaré eternamente en deuda.

Quiero ofrecer un inmenso agradecimiento a mi editora, Grace P. Cho, que es una fuerza creativa de la naturaleza y cuyo estímulo me inspiró a tomarme en serio la escritura. Trabajar con ella ha sido una de las experiencias colaborativas más importantes de mi vida. Su retroalimentación es firme como el acero, pero logra darla de una forma que te hace sentir vista y empoderada para encontrar tu camino, y no puedo imaginar una mejor guía que tener al lado.

Mi agradecimiento sincero al equipo de Revell, especialmente a Olivia Peitsch, Eileen Hanson, Wendy Wetzel, Paula Gibson, y a muchos otros que contribuyeron a acompañar este proyecto durante el proceso editorial. Gracias por creer en mí. Un cálido agradecimiento a Lauren Cole y Joanna Ng por su minucioso apoyo editorial. Un enorme "gracias" a Derek Thornton de Notch Design and Illustration por el arte de la portada.

Quiero ofrecer un agradecido reconocimiento a Tongua Williams, quien me ayudó a buscar la presencia de lo sagrado y creó un espacio para el viaje interior del proceso de escritura con compasión y claridad.

Estoy enormemente agradecida por Catherine Grooms, cuya experiencia y apoyo constante me han ayudado a construir mi negocio para ser el trabajo soñado que no sabía que podía crear para mí, y que siempre me ha ayudado a escucharme y confiar en mí misma.

Un reconocimiento singular a las personas increíbles que respaldaron el libro: la Dra. Peace Amadi, Kaitlin Curtice, Bora Reed, Jennifer Alvarez, Josh Green, Lashinda Demus y Brian Chung. Respeto y admiro a cada uno de ustedes, y me siento verdaderamente honrada por su apoyo.

Todo mi amor y agradecimiento para las Busters, Jenny Hall y Erna Kim Hackett, por escucharme y caminar a mi lado entre un bosque de árboles cítricos cuando todo se desmoronó. Su amor, risa y profunda sabiduría me han ayudado a reconstruir mi vida. Por eso y por cientos de razones más, sé que nuestra amistad es uno de los tesoros más importantes que tengo. Un recuerdo especial para Jennifer Huerta Ball y mi gratitud hacia ella.

A mi familia le debo una deuda de gratitud inconmensurable. A mis padres, Jin-Sheng y Teresa Shyr, gracias por sus sacrificios y por ser una fuente de apoyo desde los primeros días de mi infancia y en cada etapa de mi vida desde entonces. Estoy orgullosa de ser su hija. Estoy agradecida con el resto de mi familia: Alisa Leung, Raymond Leung, Riley Leung, Lauren Leung, Nicholas Leung, Raymond Gee, y mis maravillosos suegros Cheuk y Emily Gee.

A mis hijos, Marcus y Ryan, estoy agradecida de ser su mamá. Conocerlos es una de las mayores alegrías de mi vida, y los amaré por siempre. Gracias por estar presentes mientras escribía, recordándome la importancia de dejar el trabajo un momento para estar presente, jugar afuera o cenar juntos. Ryan, gracias por ofrecerte a ser mi escritor fantasma. No lo aceptaré esta vez, pero aprecio mucho la oferta. Gracias a mis ahijados, Lucy Hall, Tyler Hall y Kayla Mammen, quienes realmente me inspiran cuando pienso en el futuro.

Estoy profundamente agradecida con mi esposo, Benny Gee, que prometió amarme y apoyarme hace mucho tiempo atrás y ha cumplido esa promesa de un millón de maneras, tanto en este proceso como en todas las demás áreas de la vida. Creo que, cuando mire atrás en mi vida, una de las cosas en las que pensaré serán nuestras caminatas matutinas hablando de ideas, preguntas y luchas en nuestras vidas, y cómo esos momentos me ayudaron a convertirme en quien estoy destinada a ser. Soy muy afortunada de que seas mi persona. Gracias por hacerme reír a carcajadas todos los días de estos veintiún años.

Por último, gracias a mis lectores. Estoy muy agradecida por su disposición a sumarse a esta conversación, los apoyo con todo mi corazón.

NOTAS

CAPÍTULO 1 ¿QUÉ QUIERES REALMENTE?

1. NPR, "We Debate the Greatest TV Finales of All Time", *Pop Culture Happy Hour*, transcripción, actualizado 10 de mayo de 2023, consultado en línea 30 de octubre de 2023, https://www.npr.org/transcripts/1174267434.

CAPÍTULO 2 PROPÓSITO Y DESEO: HISTORIA DE DOS HERMANOS

1. Rick Warren, *The Purpose Driven Life: What on Earth Am I Here For?* (Grand Rapids: Zondervan, 2002), pp. 21-22.

2. Teresa of Avila, *The Interior Castle*, trad. Kieran Kavanaugh y Otilio Rodriguez (Nueva York: Paulist Press, 1979), pp. 2-6.

3. Sonya Renee Taylor, *The Body Is Not an Apology: The Power of Radical Self-Love* (Berkeley: Berrett-Koehler Publishers, 2018).

4. Stephanie Buckhanon Crowder, *When Momma Speaks: The Bible and Motherhood from a Womanist Perspective* (Louisville: Westminster John Knox Press, 2006).

5. "What Is Restorative Justice?", Amplify RJ, consultado en línea febrero de 2023, https://www.amplifyrj.com/what-is-restorative-justice.

6. J. Michael Sparough, Jim Manney, y Tim Hipskind, *What's Your Decision? How to Make Choices with Confidence and Clarity* (Chicago: Loyola Press, 2010), pp. 70-72.

7. Randy Woodley, *Becoming Rooted: One Hundred Days of Reconnecting with Sacred Earth* (Minneapolis: Broadleaf Books, 2022).

8. Aristotle, "Nicomachean Ethics", trad. W. D. Ross, en *The Complete Works of Aristotle: The Revised Oxford Translation*, ed. Jonathan Barnes (Princeton: Princeton University Press, 1984), p. 1744.

9. Parker J. Palmer, *Let Your Life Speak: Listening for the Voice of Vocation* (San Francisco: Jossey-Bass, 2000), p. 4.

CAPÍTULO 3 LOS CUATRO TIPOS DE PREGUNTAS QUE ESTORBAN Y QUÉ PREGUNTAR EN SU LUGAR

1. David Bredehoft, "The Science Behind Self-Affirmations", Psychology Today, 7 de agosto de 2023,

https://www.psychologytoday.com /us/blog/the-age-of-overindulgence/202307/the-science-behind-self-affirmations.

2. Patrick Lencioni, *The 6 Types of Working Genius: A Better Way to Understand Your Gifts, Your Frustrations, and Your Team* (Dallas: Matt Holt Books, 2022), pp. 181-3.

3. Tricia Hersey, *Rest Is Resistance: A Manifesto* (Nueva York: Little, Brown Spark, 2022), p. 62.

4. Bronnie Ware, *The Top Five Regrets of the Dying: A Life Transformed by the Dearly Departing* (Carlsbad, CA: Hay House, 2012), pp. 44-57.

5. Rainer Maria Rilke, *Letters to a Young Poet,* trad. Charlie Louth (London: Penguin Books 2011), p. 18.

CAPÍTULO 4 PRIMER PASO: CALIBRACIÓN

1. Gil Bailie, *Violence Unveiled: Humanity at the Crossroads* (Nueva York: Herder & Herder, 2021), xv.

2. Jim Asplund, "How Your Strengths Set You Apart", Gallup CliftonStrengths, 5 de noviembre de 2021, https://www.gallup.com/cliftonstrengths/en/356810/strengths-set-apart.aspx.

3. "Learn about the Science and Validity of Strengths", Gallup CliftonStrengths, consultado en línea marzo de 2024, https://www.gallup.com/clifton strengths/en/253790/science-of-cliftonstrengths.aspx.

4. Morgan Smith, "Harvard-Trained Neuroscientist: The 'Most Underrated' Skill Successful People Use at Work–and How to Develop It", CNBC, 26 de junio de 2023, https://www.cnbc.com/2023/06/26/harvard-trained-neuro scientist-the-most-underrated-skill-successful-people-use-at-work.html.

CAPÍTULO 5 SEGUNDO PASO: EXPANSIÓN

1. Robin Wall Kimmerer, *Braiding Sweetgrass: Indigenous Wisdom, Scientific Knowledge, and the Teachings of Plants* (Minneapolis: Milkweed Editions, 2013), pp. 3-10.

2. Laura Vanderkam, *168 Hours: You Have More Time Than You Think* (Nueva York: Portfolio, 2010), pp. 40-45.

CAPÍTULO 6 TERCER PASO: EXPERIMENTACIÓN

1. Bill Burnett y Dave Evans, *Designing Your Life: How to Build a Well-Lived, Joyful Life* (Nueva York: Alfred A. Knopf, 2016), xxvi.

CAPÍTULO 7 CUARTO PASO: INTEGRACIÓN

1. Weilian Wang, "Sai Weng Lost His Horse", trans. James Legge, en *The Chinese Classics: Volume II—The Works of Mencius*, ed. James Legge, *Sacred Books of the East*, vol. 16 (Oxford: Clarendon Press, 1895), pp. 271-2.

2. J.S. Park, *As Long as You Need: Permission to Grieve* (Nashville: Thomas Nelson, 2024), Spotify ed., 8:22, https://open.spotify.com/show/3VFmxGL0IMqlrdsO6jvKLJ?si=c229aa30c2d3474a.

CAPÍTULO 8 EL CÓMO DEL ESTABLECIMIENTO DE METAS BASADAS EN LOS DESEOS

1. Richard Batts, "Why Most New Year's Resolutions Fail", Ohio State University, Fisher College of Business, 2 de febrero de 2023, https://fisher.osu.edu/blogs/leadreadtoday/why-most-new-years-resolutions-fail #:~:text=Researchers%20 suggest%20that%20only%209,by%20the%20 end%20of%20 January.

2. George T. Doran, "There's a S.M.A.R.T. Way to Write Management Goals and Objectives", *Management Review* 70, no. 11 (1986), pp. 35-36.

3. Angela Duckworth, *Grit: The Power of Passion and Perseverance* (Nueva York: Scribner, 2016), p. 91.

4. "Beat Stress with Science", transcripción, Zoe.com, actualizado 10 de abril de 2024, consultado en línea 12 de marzo de 2024, https://zoe.com/learn/podcast-beat-stress-with-science.

TRACEY GEE es una *coach* de liderazgo certificada y consultora dedicada a guiar a los individuos hacia una autoconsciencia transformadora y un crecimiento personal y profesional con propósito. Como autora, Tracey aporta ideas valiosas gracias a su amplia experiencia en talleres, conferencias y sesiones de *coaching* personalizadas. Su variada clientela incluye a UC Berkeley, Firm Foundation, AltaMed, Nomi Network, Coca-Cola, Amazon y los Miami Heat. Está certificada como facilitadora en cuatro metodologías: Gallup CliftonStrengths, Working Genius, Eneagrama e Inteligencia Cultural. Tracey es originaria del Área de la Bahía en California y actualmente vive en Los Ángeles con su esposo, sus hijos y su perra, Kona. Le encantan las cafeterías y todos los perros que ha conocido.

CONECTA CON TRACEY

O INVÍTALA A HABLAR EN TU EVENTO

TraceyGee.me

TraceyGeeLLC

TraceyGee.me

TraceyGee.me

TraceySGee